绿色品质公路建设技术与实践

山西路桥东二环高速公路有限公司　编著

中国建筑工业出版社
中国城市出版社

图书在版编目（CIP）数据

绿色品质公路建设技术与实践/山西路桥东二环高
速公路有限公司编著．—北京：中国城市出版社，
2021.11
　　ISBN 978-7-5074-3407-1

　　Ⅰ．①绿…　Ⅱ．①山…　Ⅲ．①道路工程—道路建设—
太原　Ⅳ．① U41

中国版本图书馆 CIP 数据核字（2021）第 220139 号

　　本书围绕太原东二环高速公路建设案例，探讨了具有山西路桥特色的品质公路、绿色公路、智慧公路的品质工程建设之路，着重体现了绿色工程与技术创新的深度交融，为绿色品质公路的建设实践提供一定经验与借鉴。主要内容包括：绿色品质公路的概念及技术框架、太原东二环高速公路实施方案规划、绿色公路设计、绿色公路建设科技创新、为服务需求增值——鹿泉山服务区设计、"BIM+"助力绿色公路建设、铸就卓越管理、打造绿色品质工程企业软实力以及总结及成果推广。

　　本书内容丰富、实用性强，可供从事高速公路研究的科研人员、工程建设技术人员以及相关专业院校师生参考。

责任编辑：李笑然　牛　松
责任校对：党　蕾

绿色品质公路建设技术与实践
山西路桥东二环高速公路有限公司　编著
＊
中国建筑工业出版社、中国城市出版社出版、发行（北京海淀三里河路9号）
各地新华书店、建筑书店经销
北京雅盈中佳图文设计公司制版
临西县阅读时光印刷有限公司印刷
＊
开本：787毫米×960毫米　1/16　印张：12¼　字数：203千字
2021年9月第一版　2021年9月第一次印刷
定价：**110.00**元
ISBN 978-7-5074-3407-1
　　　　（904398）

编写委员会

顾　问：杨志贵　　高新文　　陈　俊　　杨建红

主　编：白永胜　　王润民　　韩永宏　　张静晓

副主编：张于良　　夏静萍　　温郁斌　　赵景彭　　赵国锋

　　　　高瑞栋　　潘燕妮　　刘海晶　　郭虎虎　　段宝红

编　委：马冬云　　安　进　　张　敏　　吕雪冰　　李　峰

　　　　冯建通　　石岳飞　　孟慧强　　张建平　　陶　锋

　　　　郭　鑫　　张晓春　　张程昱　　郭　宏　　李瑜理

　　　　张晓刚　　贾瑞旭　　刘晓敏　　陈　刚　　陈　方

　　　　吴光华　　张小平　　柴　明　　武卫利　　冯海滨

　　　　尚德惠　　张永军　　戴　谷　　张银海　　魏瑞芬

　　　　郭瑞军　　刘晓军　　赵　琳　　唐海瑞　　郝宇飞

　　　　赵志峰　　雷励鸣

前　言

　　近年来，我国高速公路路网规模不断扩大，里程规模跃居世界第一，标志着我国正走在从交通大国迈向交通强国的道路上。然而与此同时高能耗、高污染、资源利用率低、自然环境破坏严重等问题一直威胁着我国公路建设的可持续发展。在"青山绿水才是金山银山"的理念写入了我国"十四五"规划以及2035年远景目标纲领的背景下，坚持"绿色发展之路"是当前促进我国全面发展的关键因素，也是实现我国高速公路可持续发展的必要途径。

　　公路建设是经济发展的大动脉，公路的兴建往往会对沿线生态环境、人文景观环境等造成较大的影响。在公路建设项目的施工过程中出现水土流失的情况时，土壤会被带入水中，施工机械设备渗漏的油污会增加在公路建设中产生的垃圾，其化学元素对水体、土壤等会产生直接影响。因此，公路建设企业应当以绿色为导向提升公路建设品质，加强生态环境保护和提升资源利用率。

　　绿色品质工程建设是以质量优良为基础，以节约资源、绿色环保、高效节能、提升服务为主要目标，加快实现我国公路建设的可持续发展。其中内在品质包括工程功能性、耐久性、可靠性、适用性等；外在品质包含建筑艺术、工程技术、生态协调、文化内涵以及后期服务等。这里的"绿色"不仅指字面意义的绿化，在更深层的含义上，是以最小的资源占用、最少的能源消耗、最低的污染排放、最轻的环境影响建设公路工程。绿色品质公路是交通系统中不可或缺的一部分，它的建设既需要坚持绿色发展的理念，也需要专业领域的技术支持。但绿色品质公路该如何建设，目前尚缺乏先进经验。

　　太原东二环高速公路中秉承"绿色品质公路"建设理念，致力绿色、创新和品质工程，进行了卓有成效的示范建设。该项目是山西省高速公路网"三纵十二横十二环"规划中太原二环高速公路的重要组成部分，也被山西省交通运输厅列入省级品质工程示范创建项目。本书即围绕太原东二环高速公路建设案例，探讨具有山西路桥特色的品质公路、绿色公路、智慧公路的品质工程建设之路，着重体现其中绿色工程与技术创新的深度交融，为绿色品质公路的建设实践提供一定经验与借鉴。

　　本书共分为 9 章，分别为第 1 章 绿色品质公路的概念及技术框架，第 2 章 太原东二环高速公路实施方案规划，第 3 章 绿色公路设计，第 4 章 绿色公路建设科技创新，第 5 章 为服务需求增值——鹿泉山服务区设计，第 6 章 "BIM+"助力绿色公路建设，第 7 章 铸就卓越管理，第 8 章 打造绿色品质工程企业软实力，第 9 章 总结及成果推广。

编者
2021 年 8 月

目　录

第一篇　背景

第二篇　建设绿色公路

第三篇　建设品质公路

第一篇　背景

第1章 绿色品质公路的概念及技术框架

绿色品质理念在我国经历了一个从无到有、不断丰富的过程。绿色品质理念融入公路工程建设是践行现代工程管理发展的新要求，是追求工程内在质量和外在品位的有机统一。建设高品质的绿色公路必须以不影响公路安全性、有利于通行顺畅为基本要求，新时期的绿色品质公路不应仅仅停留在既往节能减排、生态环保的层面上，更应成为新时期引领公路建设发展方式转型升级的重要途径，深入贯彻落实"优质耐久、安全舒适、经济环保、社会认可"品质工程十六字方针。

1.1 绿色品质公路概述

1.1.1 绿色品质公路的概念

党的十八大将生态文明建设融入"五位一体"的大布局中，至今，生态文明建设已经成为社会主义建设时期不可缺少的一部分。随着党的十八届五中全会上五大发展理念的提出，绿色这个词已成为我国社会与经济发展时期不可缺少的主旋律，而打造绿色公路就是践行绿色这一主题在公路行业的重要举措。党的十九大首次将"建设美丽中国"作为社会主义现代化强国的目标之一，提出"建设生态文明是中华民族永续发展的千年大计"，立足新发展阶段，交通基础设施生态文明建设面临新的形势和机遇，要按照"生态优先，绿色发展"的总要求，不断提高交通基础设施绿色建设水平。无论是在国家还是行业的发展背景下，全面进行绿色公路的建设就是推动我国交通事业持续健康发展，符合当前生态文明建设的发展方向。

百年大计，质量为先。公路建设更要将工程品质放在首位。2015 年首次提出品质工程的新理念后，交通运输部先后出台了品质工程指导意见、召开现场推进会、确定品质攻关行动的六个抓手等一系列措施，明确要提升基础设施品质，推行现代工程管理，制定建设目标与举措，通过四新技术的应用与高效便捷管理措施的实施，全方位地提高工程质量，保障工程安全，努力打造"品质工程"。由此，全国交通系统拉开了建设品质工程的序幕，力争形成一批可复制、可推广的经验，实现一批建设技术及管理制度的创新，推进相关标准规范更新升级，逐步形成品质工程标准体系和管理模式，带动全国公路品质工程质量水平明显提升。

绿色品质公路是绿色交通的重要组成部分，是指以绿色建设为导向，按照系统论和周期成本思想，统筹公路建设质量、资源利用、能源耗用、污染排放、生态影响和运行效率之间的关系，统筹公路规划、设计、建设、运营、管理全过程，以最小的资源占用、最少的能源消耗、最低的污染排放、最轻的环境影响，获得最优的工程质量和最高效的运输服务，实现外部刚性约束与公路内在供给之间最大限度均衡。绿色品质公路作为绿色交通的重要组成部分，是公路交通转型升级、提质增效的重要抓手。

绿色品质工程具体内涵是建设以质量优良为基础，以节约资源、绿色环保、高效节能、提升服务为主要目标的工程项目，加快实现我国公路建设的可持续发展；绿色品质公路以"创新、协调、绿色、开放、共享"五大新发展理念为基础，体现以人为本、本质安全、全寿命周期管理、价值工程等理念；管理举措体现精益建造导向，突出责任落实和诚信塑造，深化人本化、专业化、标准化、信息化和精细化；技术进步展现科技创新与突破，先进技术理论和方法得以推广运用，包括先进适用的新技术、新工艺、新材料、新装备和新标准的探索与完善；质量管理以保障工程耐久性为基础，体现建设与运营维护相协调、工程与自然人文相和谐，工程实体质量、功能质量、外观质量和服务质量均衡发展；安全管理以追求工程本质安全和风险可控为目标，促进工程结构安全、施工安全和使用安全协调发展；工程建设坚持可持续发展，体现在生态环保、资源节约和节能减排等方面取得明显成效。

诸多学者对绿色品质公路做出了深刻探讨。例如，周勇（文献 [2]）认为其理念的提出是大势所趋，它是公路工程建设发展到一定阶段的必然产物。邓东德和章玉（文献[3]）认为加快绿色公路发展，加强公路环境保护，既是缓解资源环境压力的现实需要、创新公路发展模式的重要切入点，更是加快发展现代交通运输业的必然选择、建设绿色交通运输体系的必然要求。推进绿色品质公路建设，就是促进公路发展转型升级，建设以质量优良为前提，以资源节约、生态环保、节能高效、服务提升为主要特征的绿色品质公路，实现公路建设健康可持续发展。

1.1.2 绿色品质公路的特征

绿色品质公路的核心效益是以满足人的多元需求为出发点和落脚点，促进人与自然的和谐共生。其工程标准化和精细化水平、工程质量管理能力水平、绿色生态建设水平等方面特征和要求进一步提升。这些特征和要求具体表现为：

（1）绿色公路发展要涵盖规划、设计、施工、运营、养护管理等各环节，强调全过程统筹考虑，注重精细化管理，力求在绿色品质工程中全过程提升标准化和精细化水平。

（2）绿色公路发展要包含道路本身与其所处的社会及自然环境内各相关要素，涵盖资源节约、节能减排、污染控制、生态友好、顺畅高效、舒适美观等各方面。

（3）不仅公路自身的建设运营维护要做到绿色，还要能为绿色运输与安全运营创造必要条件；不仅要提供品质优良、低碳节能的公路实体，也要充分考虑使用者的相关需求，实现全方位发展。

（4）高速公路绿色品质工程实现过程中，严格遵循品质工程质量责任制的要求，旨在强化考核和责任追究，促使工程质量通病得到有效治理，耐久性提高，同时达到施工标准化覆盖率100%和外在几何线型自然、顺畅、美观，结构物表面光洁、色泽均匀的要求。

（5）高速公路绿色品质工程要求广泛采用循环再生技术、绿化面积及植被恢复率均达100%、污染物排放率降低至1%、减少能源损耗等。

1.2　绿色品质公路的建设框架

1.2.1　绿色品质公路建设原则

新时期绿色品质公路的建设应满足以下四项要求：

（1）践行绿色理念，提升工程品质。工程品质是体现公路自身状况优良程度的综合表征，在绿色公路理念指导下的工程项目必然要有优良的工程品质。与之对应的，具备优良工程品质的公路也更能够契合绿色公路的各项特征要求。追求工程品质提升、践行绿色理念，要从设计理念提升、强化结构安全耐久性、统筹资源利用三方面进行。

（2）着眼周期成本，落实"四节一环保"。绿色公路要从全寿命周期的角度来考虑其建设和维护成本，突出全寿命周期成本理念。要将公路运营和维护纳入工程设计与建设一并考虑，突出全寿命，强调系统性，强化结构设计与养护设施的统一。要通过节地、节能、节水、节材和环保五项措施来延长公路使用寿命，同时降低公路运营养护成本，提高公路养护便利化水平，提高工程耐久性。要在满足其社会服务功能和价值的前提下，最大限度地节约成本。

（3）统筹资源利用，实现集约节约。在公路建设和使用过程中，需要使用和占用大量资源，包括公路本身占用的路网和廊道资源，新建和扩建公路占用的土地资源，公路施工和管养过程中消耗的建材、水、矿产资源等。绿色公路必须统筹利用资源，通过全线"零借方"、贯彻"永临结合"原则、固废利用降本增效，实现集约节约。

（4）加强生态环保，注重自然、和谐。新时期绿色公路对生态环保非常重视，既要考虑行业和社会经济的发展，也要追求对生态环境的破坏最小化和修复最大化，实现人与自然的和谐共生。绿色公路要从建设高速绿化工程、路面零污染、生态环境保护、生态环境监理和生态环境监测四方面进行综合统筹考虑，实现公路对生态环境的破坏最小化和修复最大化，追求公路与自然的和谐统一。

1.2.2　绿色品质公路建设实现目标

高速公路绿色品质工程的实现应达到"优质耐久（基本要求）、安全舒适（工程目标）、经济环保（本质追求）、社会认可（根本标准）、绿色低碳（核心成效）"

五个方面的具体目标要求。

（1）优质耐久为基本要求，是指注重高速公路建设全过程、全方位的质量管理，同时在特定条件下，标准化的设计、标准化的施工，实现高速公路自身具备的耐久性。

（2）安全舒适为工程目标，是指高速公路品质工程实现过程中涉及的人员、产品、材料、机械等均具备充足的安全性，同时高速公路对外服务水平应达到便捷性、舒适性、普适性的要求。可通过党建、宣传、讲座等活动，有效维护人员安全和提高安全管理能力水平，为实现绿色品质工程建设提供安全保障。

（3）经济环保为本质追求，是指以环境保护、资源利用、生态文明为核心，通过精心设计，促使高速公路与周边生态环境、人文完美融合。高速公路建设过程中，始终遵循全寿命、全方位、全过程、全面展示绿色成果的要求，最终建设一条不可复制的环境友好型高速公路。

（4）社会认可为核心标准，是指使高速公路具有较高知名度、使服务对象体验到舒适安全的感受、使交通运输需求得到较大满足、得到社会公众的高度认可。

（5）绿色低碳为核心成效。践行"绿水青山就是金山银山"发展理念，构建环境友好型、资源节约型、生态景观型高速公路，减少对生态环境的影响。

1.2.3 绿色品质公路建设方案要求

在项目建设过程中，为了切实推进绿色品质公路工程创建工作，绿色品质公路顶层建设方案的设计，应结合项目的难点和亮点编制具有针对性、可行性的实施方案，坚持方案先行、全面落实的工作流程，对各参建单位进行创建指导。基于绿色品质工程的创建要求和评价标准，实施方案应重点从创建目标、创建计划、组织机构、主要任务及攻关行动等方面出发，找准项目关于品质工程创建的切入点，明确创建方向，确保实现绿色品质工程示范项目的创建目标。

1. 设计理念提升

（1）加强统筹规划，注重方案比选

路线布设是高速公路设计中一项较为基础性的工作内容，是保证其满足环保需求和实用需求的基础和前提。在工作中，要充分考虑当地的植被条件、气候气温条件以及地形地貌条件等，综合对比多个方案，选择其中一个最科学、最合理的方案。

另外，要尽量远离人口密集区域，应本着生态选线的基本原则，依法避绕自然保护区、水资源保护区等生态环境敏感区。若不得已必须选择，可结合实际情况保持一定的距离，合理规划，尽量不影响周围居民的正常生活和生产。

（2）重视总体设计，进行地质选线

人类对大自然的认识有一个循序渐进的过程，公路选线也不例外，原来是先确定路线方案再勘察工程地质条件的"选线地质"，现在是先分析区域工程地质确定路线走廊，再勘察走廊工程地质条件以调整线位的"地质选线"思想。这是因为在中国公路建设逐渐向中、西部山区延伸过程中，发现地质条件复杂，甚至地质灾害问题多发，点多面广，在路线勘测的某个阶段有些灾害不易被察觉，具有极强的隐蔽性，但在施工阶段逐步暴露出来，对公路的施工带来不可估量的影响，导致处理的难度和投资不断加大。

（3）品质公路设计要求

品质工程具体内涵是建设理念体现以人为本、本质安全、全寿命周期管理、价值工程等理念。以工程质量安全耐久为核心，强化工程全寿命周期设计，体现建设与运营维护相协调、工程与自然人文相和谐，工程实体质量、功能质量、外观质量和服务质量均衡发展。品质公路设计坚持品质工程目标导向，采用先进工艺标准，切实提升工程质量。以工程本质安全和风险可控为设计原则，促进工程结构安全、施工安全和使用安全协调发展。打造"内在质量耐久、外在质量优良、使用功能完善、环境景观优美"的"品质工程"。

2. 路用性能提升

（1）加强防护排水结构耐久性

为防止和减轻公路水毁的发生，应充分调查公路沿线的降水、水文地质、地形地貌等具体情况，设置必要的公路排水设施，并与沿线的河流、水系、桥涵相配合，构成全面综合的防排水系统。

（2）加强路基处治

路基处治是公路建设的重要组成部分，路基质量对整个公路质量具有很大的影响，所以为了保证公路的质量，必须加强对路基的管理和控制。对于经过沟壑纵横、填挖交界频繁的特殊区域路段，为增强路堤的稳定性，避免差异沉降的产生，应采用填挖交界路段通过土工格栅、区域重夯补强等有效措施，保证路基稳定，加强对沿线环境的保护。

（3）应用高性能混凝土

高性能混凝土是由高强度混凝土逐渐演变而来的，是一种新型的高技术混凝土。其相比普通混凝土来说，具有很高的强度、弹性及耐久性。在公路工程中应用高性能混凝土，可以确保公路在使用过程中的安全性。

3. 绿色品质工程建设管理要求

（1）协同管理

高速公路项目建设管理是一项大型、复杂的系统工程，企业应为项目参与方提供相关详细化信息，基于协同论的思想，从"建立机制、补偿机制、绩效监控机制"三个方面，构建项目协同管理机制。建设方案需明确：协同管理目标责任和在合同条件下高速公路项目协同管理参与方的利益分配。借助数字技术和工程项目管理平台不断修改完善，形成多项目、多层次的一体化管理，抓牢、抓实品质管理，推动公路品质工程建设再上新台阶。

（2）标准化管理

通过工地建设的标准化，规范高速公路工地硬件设施的设置，消除施工现场质量、安全隐患，提高实体工程质量，提高文明施工水平，提升高速公路建设形象。工地建设重点推行"三个集中"，即规范混凝土拌合站、构件预制场、钢筋加工场的建设要求，充分发挥集中施工及集中管理的优势，实现混凝土集中拌合、构件集中预制、钢筋集中加工，从源头上确保混凝土结构的工程质量。建设方案包括拌合站的总体规划设计、场地建设、标识标牌、机械设备、信息化管理、安全文明施工等方面内容。同时，规范建设初期的工地建设，包括项目部、试验室、工棚等，制定统一的建设标准，体现以人为本的理念，着力改善工程施工及管理人员的工作、生活环境，提高施工效率，塑造全新的高速公路建设形象。

（3）数字化管理

为促进绿色公路、品质工程创建，进一步推进工程管理数字化，提升工程建设管理水平和工程质量，落实全寿命周期、建管养一体化、信息互联共享等理念，搭建基于大数据的高速公路工程建设监管一体化平台。整合、开发建设管理系统、远程视频监控系统、工地试验室数据监管系统、混凝土拌合站监控系统、沥青拌合站监控系统、构件二维码存储系统、预应力张拉数据监管系统、工地党建8个专业化系统，并预留扩展的空间和接口；实行省市行业部门、各参建单位分级监管、共享协同，对主要区域、重点部位、关键数据全天候、多元化远程监管，实时采集、分析、预警、调度、处置等，提升工程建设监管的针对性、有效性和即时性。

4.绿色循环低碳要求

（1）资源合理配置

施工便道按照"永临结合"的原则，优先利用当地既有道路进行改造使用；既有道路达不到要求的，结合地方公路建设规划，与地方政府充分协商选择荒地，施工完毕后用作农村公路；项目部与混凝土拌合厂租用当地现有场地或占用路基场地，尽量合并设置，减少占地；施工用电倡导"永临结合"，统筹规划好施工临时用电与路段运营永久用电的结合，降低项目建设成本，节省电能。

（2）使用清洁能源

项目部办公区、生活区、试验室全部采用电加热的采暖设备和LED照明设备。对于设备单一、用电量较小的照明、视频监控等采用太阳能光伏板供电；服务区采用地热供暖方式，规划建设LNG加气站、充电桩。在服务区、收费站推广应用光伏发电、照明智能控制系统等新技术。

（3）固废利用，降本增效

各路基、路面施工单位在拌合厂、预制厂设置养护用水循环系统，实现水的循环利用，施工中产生的废水经过二次沉淀后用于洒水降尘，杜绝废水直接排放污染环境；剩余的钢筋头、料头要做到合理利用；现场铺设的管线、预制台座均采用可装拆式构造，提高重复利用率等。

1.3 绿色品质公路研究的意义

1.3.1 理论意义

绿色品质公路是绿色交通体系的重要组成部分，推进绿色品质公路建设是公路行业响应国家生态文明建设和绿色发展战略要求、提升自身可持续发展水平、推动美丽中国建设的重要抓手，也是实现行业发展转型升级的重要机遇。绿色品质公路作为一种公路建设的新理念、新模式，融合了绿色发展理念和品质工程理念，已成为发展绿色交通的重点领域、建设美丽中国的重要标志，具有重要的理论意义。在公路建设工程中融入绿色概念，是对绿色理念的丰富和拓展，结合品质工程理念，促进了理论的融合创新发展，同时也是对可持续发展理论的补充和完善。

1.3.2　现实意义

绿色品质公路建设的重要意义主要体现在提升高速公路建设理念、管理水平、技术创新水平、质量安全水平以及实现高速公路工程管理现代化。当前，交通基础设施不仅需要数量的增长，更需要品质、功能的提升，从注重工程实体质量向提升工程品质转变已具备必要的条件。打造品质工程是顺应时代发展，是现代工程管理理念的继承和发扬，更是新时期公路建设的引导和工作发展的方向。太原东二环高速公路通过绿色品质公路创建示范活动的开展，取得了良好的效果。本书以太原东二环高速公路为例，分别在打造绿色高速公路、建设交旅融合服务区、铸就卓越管理、深化工程重点技术创新应用等方面，总结了创建绿色品质工程的做法，可为类似项目管理提供借鉴和参考。全面总结实践经验，推动绿色品质公路建设转型升级是公路行业不断提升发展理念的具体行动，是绿色循环低碳公路在新时期的继承，是节能、低碳、环保技术在新时期的沿用，也是建成绿色循环低碳交通运输体系战略目标的重要举措。

第 2 章　太原东二环高速公路实施方案规划

根据交通运输部、山西省交通运输厅、上级主管单位关于争创"绿色品质工程"的相关要求，太原东二环高速公路在建设过程中坚持按照"绿色品质工程"示范项目的标准和要求。以建设绿色公路示范工程为目标，以四个基本原则、六个主要目标、四个工作思路、十项重点任务为项目规划要点，打造太原东二环高速公路"绿色品质工程"。成立创建工作领导小组，制定创建实施方案，扎实推进品质工程示范创建和质量提升行动。通过该项目助力发展山西路桥建设品牌，成功打造出具有行业推动和示范效果的精品工程，形成了一整套可复制、可推广的高速公路品质工程、绿色公路建设经验等项目，为后续高速公路品质工程建设、绿色公路建设提供经验、树立典范，同时为打造"百年平安品质工程"奠定坚实基础。

2.1　项目背景

2.1.1　品质工程

2012 年，国务院印发了《质量发展纲要（2011—2020 年）》（国发〔2012〕9 号）文件，提出到 2020 年建设质量强国取得明显成效。2015 年，交通运输部提出打造"品质工程"的新理念，追求"内实外美"，建设优质耐久、安全舒适、经济环保、社会认可的公路水运工程。2016 年 12 月，交通运输部印发了《关于打造公路水运品质工程的指导意见》，明确将打造品质工程作为深化交通运输供给侧结构性改革和全面提升工程建设质量安全水平的重要举措；同时提出要研究建立品质工程评价体系，开展品质工程示范评价，构建工程质量安全提升发展新机制。2016 年 12 月，交通运输部办公厅印发了《关于开展公路水运品质工程示范创建工作的通知》，决定开展为期三年的公路水运品质工程示范创建工作，重点培育一批部级示范创建项目。并于 2018 年 1 月组织编制了《公路水运品质工程评价标准（试行）》。交通建设促进经济发展，人民生活水平不断提高，物质追求日益增长，建设质量更可靠、工程更耐久、环境更和谐、驾乘更舒适、设施更完善、群众更满意的"品质工程"已迫在眉睫。

2.1.2 绿色工程

2015 年 10 月，党的十八届五中全会强调，实现"十三五"时期发展目标，破解发展难题，厚植发展优势，必须牢固树立并切实贯彻"创新、协调、绿色、开放、共享"的发展理念。这是关系中国发展全局的一场深刻变革。为贯彻执行绿色发展理念，2016 年 7 月 20 日，交通运输部印发了《关于实施绿色公路建设的指导意见》，明确了绿色公路的发展思路和建设目标，提出了"五大建设任务"，决定开展"五个专项行动"，推动公路建设发展转型升级。要求"到 2020 年，绿色公路建设标准和评估体系基本建立，绿色公路建设理念深入人心，建成一批绿色公路示范工程，形成一套可复制、可推广的经验，行业推动和示范效果显著，绿色公路建设取得明显进展。"该指导意见必将是今后较长一段时期内中国公路建设的纲领性文件，对于全面推动公路规划、勘察、设计、建设、运营等全过程向绿色公路转型升级具有十分重要的引领意义。

2.1.3 绿色品质公路

公路建设品质工程、绿色公路理念逐渐深入人心。打造品质工程是公路建设贯彻落实五大发展理念和建设"四个交通"的重要载体。创建品质工程，既是交通建设的必然发展方向，又是自身建设的内在追求。随着交通基础设施的不断增长与丰富，人民群众对出行的需求已从满足基本用途上升到了品质、功能的提升，"品质工程"的提出，顺应了工程建设的发展需要，是多年来工程建设质量安全管理经验的结晶，也是现代工程管理理念的继承、丰富，更是新时期交通基础设施建设的引导和工程建设质量安全工作发展的方向。未来较长一段时期，我国公路交通仍将处于大建设、大发展的战略机遇期，依然繁重的交通运输发展任务与日益刚性的资源环境约束之间的矛盾将会越加凸显。交通运输部在"四个交通"战略任务中将"绿色交通"作为引领，明确加快发展绿色交通是转变交通运输发展方式的重要途径，公路建设必须坚持绿色发展的理念。绿色公路是在国家"十三五"规划绿色发展理念指导下的公路建设实践，也是交通运输部绿色交通发展战略的重要组成部分。

2.2　项目规划要点

太原东二环高速公路紧紧围绕绿色品质工程"精细化、标准化、信息化、绿色化、人本化"内涵努力将其建设成为高速公路品质工程示范项目，以"深化改革、管理提升、跨越发展"为主题，贯彻落实"品质工程"要求，以提高"路基、路面、房建、机电、交安、绿化"六大工程质量为中心，全力打造"实体优、线型顺、行车舒、绿化美"。最终实现项目"优质耐久、安全舒适、经济环保、社会认可"。其项目规划要点主要归纳为：四个基本原则、六个主要目标、四个工作思路、十项重点任务。

2.2.1　四个基本原则

1. 坚持目标导向，创新驱动

以满足人民群众对高品质交通运输服务需求为目标，提升各参建单位的能动性和创造性，着力加强建设理念创新、管理创新、技术创新，实现工程内在质量和外在品位的统一。

2. 坚持功能提升，注重效益

立足功能的完善与提升，统筹协调质量安全管理与工期的关系，避免盲目高成本、高投入，实现全寿命周期成本最优，提高投资效益和社会效益。

3. 坚持突出重点，整体推进

按照补短板、抓重点的思路，着力解决影响品质工程的突出问题和主要薄弱环节，以点带面，全面推进，实现品质工程的稳步提升。

4. 坚持统筹推进，示范带动

坚持统筹规划，充分发挥示范带动作用。从实际出发，因地制宜、量力而行，注重专项攻关和重点突破，不盲目求高求全。及时总结经验，逐步形成打造品质工程的管理机制和施工方法。

2.2.2　六个主要目标

1. 进一步提升工程建设理念和从业人员综合素质

把"以人为本，全寿命周期管理、精细化管理和全面质量管理"建设理念贯穿于整个建设过程。通过"品质工程"示范创建活动，提升建设单位管理水平，逐步形成一支现代化、专业化的公路建设管理队伍；提升山西路桥建设集团有限公司（以下简称"山西路桥集团"）品质施工品牌，推出不少于 2 名优秀项目经理，每个合同段推出不少于 2 名优秀管理人员和 2 个优秀班组，每个合同段每年至少开展 1 项经济实用的"微创新"和"微发明"活动。全线推出不少于 2 个"三晋交通建设优秀班组"和"三晋工匠"。

2. 进一步提升设计标准化和精细化水平

设计单位要加强对品质工程的理解和体现，提高设计标准化和精细化程度，不断优化和细化施工图设计，努力实现施工便道及临时用电"永临结合"。

3. 进一步提升施工质量安全水平

实现施工标准化覆盖率100%，结构主要构件的钢筋保护层厚度合格率达95%以上，一次验收合格率达到100%，设计年限内不大修。部分涵洞、边沟及其他小型构件实现工厂化生产、装配化施工。安全管理风险可控，实现施工安全管理标准化、安全生产责任事故"零报告"，形成本项目安全生产管理体系。

4. 进一步提升资源节约、生态环保建设

编制完成本项目绿色工程实施方案。高壁服务区 LNG 加气站和充电设施与主体工程同步设计、同步建设；沿线可绿化路段绿化率和植被恢复率达 100%，种植保存率和成活率达 90% 以上，最大限度地减少对生态环境的破坏。

5. 进一步提升信息化管理水平

智慧工地覆盖率达到95%，BIM 技术、互联网 +、大数据等信息技术综合应用率达 80% 以上。对重点桥梁、高填深挖、滑坡等施工风险较高的路段的实时监控覆盖率达 100%。

6.进一步提升精神文明建设水平

一是加大宣传力度，积极宣传和报道品质工程示范创建活动中涌现的先进事迹、团体、人物、工艺工法等，总结提炼，升华品质工程内涵。二是加强廉政建设使"不敢腐"的氛围得到进一步巩固，让"不能腐"的制度笼子越扎越紧，杜绝"小腐败"和"微腐败"。

2.2.3　四个工作思路

太原东二环高速公路提出"三抓一转"的基本工作思路，"三抓"即"抓工序""抓班组""抓首件"，"一转"即从传统建造转变为智能"监"造。"抓工序管理"筑牢品质工程基础；"抓班组建设"弘扬三晋工匠精神；"抓首件产品"发挥示范引领作用；转变管理思路从传统建造到智能"监"造。

1."抓工序管理"筑牢品质工程基础

组织各分部人员编制工序明细，拆分标准工序库，确定控制标准。确定各施工方工序数量，明确控制目标，为打造"高品质工程"奠定基础。利用互联网＋、大数据信息技术实现工程质量的过程控制。

2."抓班组建设"弘扬三晋工匠精神

制定班组作业标准化管理制度；实行业主、监理、施工单位齐抓共管；推行班组首次作业合格确认制和班组清退制；执行班组工人实名制；实行班组六部走的管理措施；通过教育培训，提升班组人员安全、质量意识，实现作业标准化；开展班组劳动竞赛、制定奖罚细则，奖金发到个人。

3."抓首件产品"发挥示范引领作用

实施"首件产品"认可制，是通过首件优良工程的示范作用，带动、推进和保障后续工程的质量。终评获得优良的"首件产品"，对其施工工艺、技术参数及质量控制措施进行推广应用，并且要求后续工程的质量不能低于"首件产品"的标准。按照全线工序划分确定五个层级的首件，按照山西路桥东二环高速公路有限公司（业主）、监理、各分部、工区、班组划分，明确各个层级的首件数量，认真做好首件方案编制、首件方案审批、首件实施、首件评审、首件总结，真正起到首件工程引领示范的作用。

4. 转变管理思路从传统建造到智能"监"造

信息化是打造品质工程的重要手段，以工序为基本单元构建的 BIM 模型为基础，以标准化管理流程为抓手，以信息化管理手段为驱动，实现建设过程的进度、质量、安全、成本的管控可视化，将太原东二环高速公路打造成"绿色高速"和"品质工程"。同时，探索一种可复制、可推广的"品质工程"建设管理模式。将进度、安全、质量、成本等专题数据集中汇总，建立一个统一的信息管理平台，通过权限管理，实现各级参建单位一站式信息获取及可视化展示。构建一个基于 BIM 技术的高效高速公路建设管理平台，培养一批高素质的高速公路建设 BIM 技术应用人才。

2.2.4 十项重点任务

1. 宣贯品质工程理念，形成浓厚的创建氛围

组织开展多种形式的培训活动；组织开展形式多样的研讨会、评审会、现场观摩会；开展标准化工地建设；开展形式多样的宣传报道工作。通过以上各种措施，积极培育以提升质量、保障安全为核心，以人为本、精益求精、全心投入为主要特征的品质工程文化，积极推动全员参与品质工程创建活动，形成人人关心品质、人人创造品质、人人分享品质的浓郁的文化氛围。

2. 优选原材，规范班组建设，筑牢品质工程基础

把好施工材料关，规范材料供应和质量控制。工程所需材料（除合同文件已规定的特殊材料，如钢绞线、沥青、伸缩缝等外）均由施工单位自行采购。施工单位可以自行选择供应商，但主要材料供应商的资质必须经监理单位审查，并报山西路桥东二环高速公路公司备案。弘扬"工匠精神"，培育高水平班组，推进班组管理规范化。

3. 提升工程质量水平

落实工程质量责任；积极推进工程施工标准化、精细化；全过程执行首件工程认可制；提升结构物外观质量；强化质量通病防治；利用好质量检测和过程数据；质量风险预防管理；加强质量巡查，强化过程控制；强化结构耐久性。

4. 提升工程安全保障水平

建立健全安全管理责任体系；推行安全生产责任清单化管理；推行安全生产标

准化建设；推行安全设施验收制度；推行安全生产月度检查评价；完善安全生产奖惩机制；推行安全生产管理法制化；推行安全生产教育培训常态化；深化"平安工地"建设。

5. 提升文明施工水平

施工现场应有科学的施工组织设计，合理的总平面布置，现场施工管理制度健全，文明施工措施落实到位，文明施工组织机构齐全，责任明确。施工现场不得随意占用或破坏周围土地、道路、绿地及各种公共设施。不得影响周围群众正常出行和活动。办公驻地、拌合站、预制梁场等采用封闭式管理，保证场地规范、整洁，并在显著位置悬挂工程概况、安全文明生产、质量管理、廉政建设等标牌标语。施工现场根据需要设置机动车辆冲洗设施、排水沟及沉淀池。混凝土、沥青拌合站应配备防治大气污染设备。易发生机械伤害场所（钢筋加工场、预制梁场等）、施工现场出入口、坑道及临边处，施工便道与公路交叉处，施工便道利用现有道路段落等，应设置明显的安全警示标志。现场施工机械设备停放位置应合理规划、分区布置、摆放整齐。进入施工现场人员必须佩戴安全帽，劳动保护用品佩戴齐全。山西路桥东二环高速公路有限公司推行优秀班组命名办法，对于在建设过程中涌现出的优秀班组给予表彰并以班组长姓名命名，班组成员将穿着印有班组名称的服装（或背心）。

6. 提升工程绿色环保水平

施工用电倡导"永临结合"；综合利用土地资源和沿线地材资源；在公路建设中综合应用清洁能源和节能技术；抓好路基和路面景观提升；抓好桥梁景观提升；抓好互通立交绿化景观提升；抓好交安设施景观提升；抓好临建设施、取弃土场景观提升。

7. 推进工程管理信息化水平

推行智慧工地建设；开展BIM技术的研究应用；推行质量安全管理信息化；推行信息化管理在移动终端的应用；利用计量支付软件、资料编制软件，提高工作的准确性，减少重复工作，便于建设、监理、施工单位的管理；推行OA办公系统应用。

8. 推进工程科技创新能力

持续加大科技研发投入，加强基础研究与技术攻关。积极推广应用"四新技术"。工程建设中倡导"以设备保工艺、以工艺保质量、以质量保品质"的理念，推广性能可靠、先进适用的新技术、新材料、新设备、新工艺，淘汰影响工程安全、质量的落后工艺工法和设施设备，充分发挥科技创新的引领作用。全面推进科技成果转化。加强科技创新成果与产业化的融合，提高科技成果转化率。

9. 提升工程管理水平

强化信用体系建设，通过对所有项目从业单位的履约考核，不断强化信用考核结果的运用。严格规范质量监理行为。执行工程项目质量约谈制度。严抓人员履约管理。

10. 提升打造品质工程的软实力

加强管理人员素质建设，着力培养和锻炼一支具备现代管理能力、专业技术良好、职业道德高尚的工程管理队伍。不断提升一线工人素质，努力创造充满人文关怀和幸福感的工作环境。打造路桥品牌，通过打造太原东二环高速公路"品质工程"，提升山西路桥集团企业形象，增强企业竞争力。抓好党风廉政建设，加强对成员履行党风廉政建设情况的监督。

2.3　项目实施保障

绿色品质公路建设是一项系统性的工作，需要贯穿一个工程项目建设的始终，需要多方的配合与协作。为更好地促进绿色品质高速公路的顺利建设，还需要从管理理念、激励机制以及技术创新等方面，建立起有力的保障途径。

2.3.1　树立绿色品质理念和意识，确保品质工程有效执行

1. 树立节能环保理念，与自然和谐协调

积极贯彻节能环保的建设理念，实现绿色品质公路。在项目设计阶段尽量避开农田，增加桥梁、隧道的比例；尽量减少高填深挖路段，减少对原有生态环境的破坏。同时考虑与周围环境的协调，避开受保护的景观空间，路线顺势而为，线形连贯，与原有自然景观资源融为一体。

2. 重视环境恢复，实现绿色品质

在施工过程中注重严格管理和节能优化。做好临时场站、驻地及取弃土场选址、

建设方案审批和复垦管理工作，严禁随意取弃土，线路可视范围内不得设置取土（石）场，弃土场先支挡后弃土。边坡及时防护绿化，环保水保验收提前全过程介入，做到边施工边复垦复绿、边恢复水系路系和环境，坚决杜绝现场三乱现象。

3. 组建绿色品质班组

通过"技能比武""树样板""立标杆"等活动，深耕班组建设，弘扬工匠精神。营造你追我赶、人人想品质、个个争工匠的良好氛围。一是要求各参建单位建立健全施工班组管理制度，制定施工班组管理办法；二是推行班组管理"六步骤"（班前教育、班前检查、班中巡查、班后清理、班后交接、班后小结）管理模式，提高班组整体素质能力；三是设立"工匠班组"奖，成立作业班组考核小组，定期对全线作业班组进行考核与评选，对满足品质工程要求的作业班组评为"工匠班组"，颁发荣誉奖牌与奖金，调动班组积极性；四是建立班组人员实名制，建立动态反映施工现场一线工作人员实际工作情况的花名册、考勤册和工资册等实名管理台账，作为工资发放和解决劳资纠纷的重要依据。

2.3.2　建立激励机制，为绿色品质工程建设保驾护航

以品质清单为依托，将品质工程清单与创建要求纳入合同中。建立品质工程创建清单，并纳入设计与施工合同中，与优质优价奖金挂钩，实时组织考核评比工作，把落实品质工程清单作为工程验收强制条件执行，通过合同手段和考核评比保证品质工程清单落到实处。

依据绿色品质工程建设要求与评选办法，对应本项目的设计配套创优办法，贯彻"安全至上、绿色环保、全寿命周期、以人为本"理念，落实品质工程创建的各项要求，形成实施细则，对后续工作进行全面部署。建立绿色品质工程成果审查机制，由项目绿色品质工程建设攻关行动组组织对各阶段各参与方的绿色品质工程建设成果进行审查，并针对成果进行奖惩。

（1）制定优监优酬考核管理办法，按季度对监理人履约状况、质量、进度、安全、环保以及廉政等方面进行考核，给予监理方一定比例的奖励。

（2）制定优质优价考核管理办法，在合同中明确由项目公司另外拿出不超过承包人签约合同价 1% 的金额作为品质管理目标责任金，对承包人进行考核评价奖励。

（3）制定劳务班组管理考核办法，每月进行考核评比，对成绩突出的优秀班组、优秀工匠进行奖励，对获奖的班组和技工颁发"优秀班组"和"优秀技工"锦旗，给予经济奖励。

2.3.3　积极引进推广"四新"技术，助力提升工程绿色品质

以智能管控、工艺创新为手段，大力推广"四新技术"有效应用，鼓励施工工序工艺"微创新"，提升数字化管理水平。以"互联网＋智慧建造"为抓手，充分应用互联网、互联网＋和大数据优势，建立质量、安全一体化综合管理 APP 平台，全面推行工程质量安全视频监控中心、拌合站数据采集、预应力智能张拉控制、北斗定位系统等信息化系统，有效提高工程管控水平，使信息化监控系统全方位服务于项目建设，实现"掌上智慧管控"。

全面实施"资源节约、环境友好、节能减排、低碳环保"等可持续发展技术，建设"绿色生态之路"，积极策划全线生态绿化工作，开展和实践了多项绿色技术。项目公司及各承建单位多方联合，积极推广应用"四新"（新技术、新材料、新工艺、新设备）技术，推动工程技术提升，助推工程品质提升。"四新"技术的使用，实现机械化换人、机械化减人，提高效率，保证安全，提升品质。倡导"以设备促工艺、以工艺保质量、以质量提品质"理念，鼓励工艺工序微创新，以细小的改进令施工更高效便捷、质量更易控制，打造内实外美、经久耐用的精品工程。

基于以上项目规划要点，本书主要从绿色公路设计、绿色公路建设科技创新、为服务需求增值——鹿泉山服务区设计、"BIM+"助力绿色公路建设、铸就卓越管理、打造绿色品质工程软实力六个方面分析太原东二环高速公路绿色品质公路建设。

第二篇　建设绿色公路

第 3 章 绿色公路设计

绿色公路与品质工程是绿色品质公路建设的两大核心内容。在公路的建设过程中，大力贯彻绿色公路建设理念的最终目标是将公路打造为一条经得起时间考验的绿色品质公路。交通运输部为充分实践绿色交通发展理念，推进绿色公路建设，下发了《关于实施绿色公路建设的指导意见》，要求到 2020 年底，绿色公路建设标准和评估体系基本建立，绿色公路建设理念深入人心，建成一批绿色公路示范工程。山西路桥东二环高速公路有限公司按照指导意见，依据《绿色公路建设技术指南》，围绕绿色公路示范创建要求，做好了践行绿色理念、落实"四节一环保"、提升资源利用和与生态和谐共生等工作，开展了绿色公路技术研发与推广应用等活动。

3.1 践行绿色规划与统筹设计

3.1.1 基于环境设计方案

路线布设是高速公路设计中一项较为基础性的工作内容，是保证其满足环保需求和实用需求的基础和前提。在工作中，要充分考虑当地的植被条件、气候气温条件以及地形地貌条件等，综合对比多个方案，选择其中一个最科学、最合理的方案。同时，要尽量远离人口密集区域，应本着生态选线的基本原则，依法避绕自然保护区、水资源保护区等生态环境敏感区。若不得已必须选择，可结合实际情况保持一定的距离，合理规划，尽量不影响周围居民的正常生活和生产。

受路网规划、地形地质等因素影响，太原东二环高速公路不可避免需穿越南庄井田、寿阳景福、榆次紫金、永安等煤矿，压覆矿产资源总长 8.911km，占路线总长的 26.8%。项目路线方案布设时充分考虑了地方城镇发展规划、充分征求了地方政府和相关单位的意见，设计时路线尽可能沿煤矿边界布设和从煤矿老矿区保护煤柱上方穿过，最大限度地减少对煤炭资源的压占，合理绕避了寿阳县石灰窑产业聚集区和鹿泉山森林公园保护区。

3.1.2　统筹资源利用方面

公路建设过程中需不断地以理念提升、创新引领、示范带动和制度完善为途径，才能有效推动"绿色公路"的转型升级。坚持绿色公路理念的核心，要坚持统筹公路资源的利用、污染的排放、能源的消耗、生态的影响、运行的效率以及功能的服务之间的关系，寻求公路、环境、社会等方面的系统平衡与协调。在统筹资源利用方面山西路桥东二环高速公路有限公司采取了以下措施：

（1）全线仅设置一处取土场

设计过程中总体控制路基填挖，划分施工标段时充分考虑土方填挖平衡、合理调配，最大程度地减少了取土场设置，不仅节约了土地资源，也保护了周边环境。

（2）清表土集中利用

路基清表后，根据清表土量，将清表土临时集中存放。绿化工程开始后，将清表土调运至沿线互通、场区、中央分隔带、碎落台等处回填，做到资源节约、生态环保。

（3）根据工程实际，对全线弃土场进行再优化

弃土场设置不再占用基本农田，远离村庄；并结合基本农田分布及造地规划，有效利用了项目区废弃矿坑。弃土完成后，旱地复耕，林地绿化，完善了弃土场周边防护、排水工程。

3.2　落实"四节一环保"

落实环保、水保"三同时"制度是建设项目环境管理的一项基本制度，是我国以预防为主的环保政策的重要体现。即建设项目中环境保护设施必须与主体工程同时设计、同时施工、同时投产使用。

3.2.1　节地方面

山西路桥东二环高速公路有限公司从"节地、降耗、环保、成本"等方面综合考虑，避免大规模弃方，统筹土方调配，减少取土、弃土场设置，节约土地资源；坚持"永临结合"，节约造价。代表性的做法有以下三点：

（1）从保护环境的角度出发，本项目积极贯彻"永临结合"的原则。施工便道优先利用当地既有道路进行改造使用；既有道路达不到要求的，结合地方公路建设规划，与地方政府充分协商选择荒地，施工完毕后用作农村公路。山西路桥东二环高速公路有限公司以便于管理、方便施工、少占耕地、安全环保、经久耐用为原则，下发了《关于加快便道修筑进程、限期完成全线贯通的通知》（晋路桥东二环公司函〔2018〕31 号），对全线便道修筑标准提出具体要求，设定专人、专用机械进行便道洒水、养护作业，确保晴天不扬尘，雨天不泥泞。

（2）从节约用地的角度出发，项目部与混凝土拌合厂租用当地现有场地或占用路基场地，尽量合并设置，减少占地。4 个项目部租用当地既有建筑作为项目驻地和拌合厂场区，减少了临时占地；受实际地形限制的项目部驻地，使用彩钢搭建，工程完成后进行回收再利用；对各分部试验室、钢筋厂、预制厂、拌合厂的设置、布局提前进行了合理规划，全线 18 个厂区共有 16 个利用了施工路基挖方范围内选址建设，没有新增用地；通过合理优化、综合利用，实际占地数量与土地预审数量相比节约 361 亩。

（3）从保护耕地的角度出发，积极组织土地利用专家评估。山西路桥东二环高速公路有限公司组织省水利厅、山西省交通运输环境保护中心站相关专家对全线取弃土场进行实地核查。在项目实施中合理利用所占耕地地表的耕作层，用于重新造地；太原东二环高速公路全线设计 15 个弃土场、1 处取土场，由山西省交通环境保护中心站（有限公司）进行督查监理，并优化利用，没有占用基本农田保护区。

3.2.2　节能方面

山西路桥东二环高速公路有限公司认真贯彻落实公司节能减排文件精神，深入推广使用光能、地热能等，降低能耗，保护环境。办公楼屋顶及分离式路基中央宽填区域布置了太阳能光伏发电系统，结合供电专线，实现运营期双向供电，节约成本，提高效能，保护环境。此外，太原东二环高速公路还将节能减排融入项目管理及建设中，在践行着节能减排工作的同时也为项目部创造了经济效益，如：

（1）项目部生活区、办公区、试验室全部采用电加热的采暖设备和 LED 照明设备，对于设备单一、用电量较小的照明、视频监控等采用太阳能光伏板供电。

（2）施工用电倡导"永临结合"，统筹规划好施工临时用电与路段运营永久用电的结合，降低项目建设成本，节省电能。

（3）服务区采用地热供暖方式，规划建设 LNG 加气站、充电桩。在服务区、收费站推广应用光伏发电、照明智能控制系统等新技术。

3.2.3 节水方面

高速公路建设节水是一项复杂的系统工程，需要通过工程、环境、管理等技术的整合与配套，才能提高水的利用率。在工程建设中要注意对水资源浪费的情况进行改善，以达到节约水资源的目的。山西路桥东二环高速公路有限公司积极推进"节水"技术落地，重点针对"水资源浪费"的情况，积极创新、探索节水措施。

（1）项目部生活区和办公区的用水器具符合《节水型生活用水器具》（J/T 164—2014）标准中的规定及《节水型产品技术条件与管理通则》的要求，卫生间、浴室采用节水型水龙头、低水量冲洗便器，使用变频泵节水。

（2）梁板养护使用高分子节水保湿养护膜，采用保温、保湿蒸汽养护机，定时定量进行喷水和蒸汽养护，并采用了水循环系统，做到了有效节水。

（3）各路基、路面施工单位在拌合厂、预制厂设置了养护用水循环系统，实现了水的循环利用，施工中产生的废水，经过二次沉淀后用于洒水降尘，杜绝废水直接排放而污染环境。

3.2.4 节材方面

材料是开展建筑工程施工的重要基础，在很大程度上合理使用材料可以节约成本及降低能耗。在绿色工程中，施工人员除了需要对材料的合理使用加以重视之外，还应在施工的过程中尽可能地选择绿色环保的施工材料。在材料的选择上，相关施工管理人员还需要对其选购进库以及材料的保存情况等进行全面了解。同时，随着我国科学技术的进一步提升，市面上逐渐出现了许多先进、节能的新型材料。在建筑施工的过程中，管理人员更是需要充分利用这些材料，才能最大限度地实现绿色节能的最终目标。山西路桥东二环高速公路有限公司系统推动"节材"技术应用，通过统一结构物形式，引进新材料、新技术，提高材料利用率。

（1）全线 8 个标准化钢筋加工厂，引进先进的钢筋加工机械设备 22 台（套），保证了钢筋下料合理、加工定位精确，最大限度地避免了浪费。

（2）剩余的钢筋头、料头做到合理利用；全线桥梁梁板全部采用 30、40mT 梁，统一规格尺寸，提高了模板的利用率，最大限度地减少了由于梁板类型不同而造成的模板浪费。

（3）现场铺设的管线、预制台座均采用可装拆式构造，提高了重复利用率，极大地节约了材料；施工便道硬化充分利用无公害的煤矸石材料，实现了固废材料的再利用。

3.2.5　环保方面

绿色公路是绿色交通的重要组成部分，绿色公路的设计意识也得到了加强，以"环保、节约"为内涵的公路设计理念已经逐渐应用于众多公路设计中。加强公路工程施工过程中的环境保护，珍惜施工区域内的一草一木和自然景观，尽量减少不必要的开挖破坏，严格落实环境保护措施。公路工程的环保工作要根据自身的行业特点，有针对性地采取相应的措施，把公路工程建设对自然和社会环境带来的不利影响降到最低。在环保方面重点采取了以下具体措施：

（1）加强施工现场环保工作，严禁在全线任一施工现场及周边焚烧各类废弃物；施工现场设置了封闭式垃圾站、施工垃圾和生活垃圾分类存放，并按照规定及时清运；混凝土浇筑振捣、电锯作业和回填土机械碾压等施工尽量安排在白天进行，最大程度减少对周边村民的噪声影响；混凝土拌合厂采用封闭式管理，砂、碎石等原材料统一采用彩钢板搭设的材料存储仓库棚进行封闭储存；对全线混凝土拌合厂21 个水泥存储罐统一加装了除尘设备，杜绝水泥粉尘飞扬。

（2）对将来可重复利用的清表土进行了集中存放，并全部采用绿色密目网进行了覆盖，防止扬尘和水土流失。各项目部在临近村镇、学校、工厂、道路等作业区范围采用抑尘网和彩钢板进行了整体隔离。对隔离区内可能出现的扬尘等造成环境污染的部位，各项目部都安排洒水车、雾炮车进行了洒水抑尘处理。

3.3 提升资源利用

3.3.1 全线"少弃方、零借方"

山西路桥东二环高速公路有限公司从"节地、降耗、环保、成本"等方面综合考虑，避免大规模弃方，统筹土方调配，减少取、弃土场设置，节约土地资源。

1. "少弃方、零借方"核心思想

2016年7月20日，交通运输部印发了《关于实施绿色公路建设的指导意见》，明确了绿色公路的发展思路和建设目标，提出了"五大建设任务"，决定开展"五个专项行动"，推动公路建设发展转型升级。为贯彻执行绿色发展理念，需实行"少弃方、零借方"。实行"少弃方、零借方"，就是要求合理控制路基填挖，统筹土方调配，有效减少弃土场设置；保护沿线植被与自然环境，从而进一步节约土地资源，实现高速公路与环境景观协调统一。

"少弃方、零借方"是开展公路工程设计中要总体考虑和把控的，代表了土方调配的总体目标与方向。"少弃方"的核心思想是要变废为宝，将传统做法中的弃土加以保存和利用，尽可能增加弃方的利用率，减少弃土场。首先，制定合理的施工工序，隧道尽快开工，尽早出渣，提高弃渣的利用率；其次，在路域内设计消化弃方的场所，实现变废为宝；再次，将弃渣与造地相结合。"零借方"的核心思想就是科学选线，针对借方量大的路段，应反复优化，降低路基高度，减少借方量，节约土地资源。首先，要优化路线平纵面线形，合理控制路基填挖高度，通过调整主线平面线位，相应调整纵断面，从而降低填高、减少借方。同时，还可以灵活设置服务区高程，建设台地式服务区等，减少填方和占地，达到"零借方"的目的。

2. "少弃方、零借方"设计理念

对路线平纵面、互通匝道布设方案等进行持续优化；改进土石方调配；综合利用道路弃渣；合理选择临时取土、弃土场位置。在设计及施工过程中，要高度重视环保设计，灵活运用技术指标，做好高填路堤与桥梁、深挖路堑与隧道的方案比选，做好横断面和纵断面设计，实现填挖平衡，最大限度地避免高填深挖降低对环境的影响。同时，在施工过程中还要尽量做到全线统筹调配土方，坚持不破坏就是最大的保护，尽可能减少沿线取、弃土场设置，努力实现填挖平衡。

3. "少弃方、零借方"应用实例

山西路桥东二环高速公路有限公司综合利用土地资源和沿线地材资源，实施"零借方"专项行动，通过优化路线平纵面，科学设置桥梁、服务区，合理控制路基填挖，统筹土石方调配，减少天然资源耗用和环境污染。同时，深入开展"线路设计"，保护土地资源。从"节地、降耗、环保、成本"等方面综合考虑，科学优化线路，避免高路堤、深路堑，减少大规模弃方，保护土地资源。

（1）避免高路堤、深路堑，最大限度减少占地。山西境内山岭重叠，沟壑纵横，选线时尽量沿山脚布线，充分利用荒山及劣质地，合理降低路堤高度，避免大规模开挖。

（2）避免大规模弃方，统筹土方调配，减少取、弃土场设置，进一步节约土地资源。山西地理环境复杂，山区地形起伏，在公路建设过程中，涉及土石方数量大，开挖和填筑范围广，对生态环境影响较大。通过优化选线、选址，统筹土石方调配，做到"少弃方、零借方"，节约土地资源。

（3）合理选择临时取土、弃土场位置。弃土场的选择原则是：节约用地、少占耕地，保持水土、保护自然景观，符合当地环境、植被和水土保持要求，符合"保护性"原则；便于水土保持、植被恢复和美化环境，符合"恢复性"原则；弃土场应充分考虑环保和水保要求，设置在距离拟建项目较近的山间汇水面积比较小的沟谷、对行洪汇水没有影响的荒地或劣质地，并设置必要的防护、环保设施和排水系统，弃土场必须先施工防护设施，然后才能弃土。弃土完后，应覆土复耕或进行地表绿化美化，力争与原地貌保持一致；取土场应该设置集中取土，尽量减少取土场的个数，取土场应选择在荒地或劣质地，避免占用农田和林地，尤其是应该避开基本农田保护区，并尽量选在比较隐蔽的区域，远离河道，以减少取土场水土流失对河道水质的影响。

3.3.2　贯彻"永临结合"原则

1. "永临结合"的概念

"永临结合"是一种工程建设理念，是指将工程建设投产后的永久性工程与施工过程中所使用的临时性工程进行综合考虑、统一建设，变两次投资为一次投资的建设实践活动。公路作为服务国民经济发展的重要基础通道，投资大、建设周期长，主体工程施工往往需要配套大量的临时工程进行作业，临时设施投入多而繁杂；认真分析研究公路工程建设时空次序，合理组织、科学有序施工，将永久工程建设结构充分应用于临时工程，实现"永临结合"建设是非常可行和必要的。

2. "永临结合"的表现形式

（1）占地方面的"永临结合"。主要表现为通过施工组织的时空合理安排和调配，将公路主体设施永久占地用于临时场站、驻地、通行道路等设施占地，减少项目建设过程中的临时占地数量，实现临时工程占地的"永临结合"。

（2）建筑设施的"永临结合"。主要表现为通过前期施工图设计，将公路主体电力管线设施、地方道路还建、服务区设施、房建工程、运营监控中心等永久性建筑设施与施工中用于生产的电力通信设施、施工便道、驻地场站、监控设施等临时工程进行统筹设计与施工考虑，使永久建筑设施服务于临时工程。

（3）取弃土场的"永临结合"。取弃土场占地在公路施工图设计中表现为临时占地，但公路建成后该区域由于取弃土而实际无法恢复原貌，表现为永久占用。取弃土场的"永临结合"主要表现为前期设计与后期施工的统筹规划，使该区域变为政府能够重新规划利用的农田或具有可开发利用功能的土地，以实现取弃土场的综合利用。

（4）桥墩与支架"永临结合"。在设计现浇桥梁上部结构方案时，利用已建成桥梁墩柱和系梁，采用贝雷梁结构将支架布设支撑于墩柱或系梁，实现永久性墩柱系梁与临时浇筑支架的完美结合；利用墩柱实体分段加固塔式起重机立柱；桥墩盖梁施工采用抱箍或销钉支撑工艺；高墩翻模顶升工艺预埋于墩柱中的顶升支撑钢柱等。

3. "永临结合"建设理念的应用实例

太原东二环高速公路本着"少建设、多利用"的原则，做到"临时建筑与现有建筑、临时便道与乡村道路、临时用电与永久用电"三结合。

（1）临时建筑与现有建筑相结合。坚持"能租不新建、少占多利用"的原则。在建项目驻地通过租用沿线原有办公楼、厂房，节约临时占地约50%。充分利用收费站、服务区、互通区等永久占地和垃圾场、荒地等闲置空地，减少占地。

（2）临时便道与乡村道路相结合。坚持"利用现有道路为主，结合当地规划改建、新建为辅"的原则，统筹规划设计，减少重复建设，方便地方使用。结合"四好农村公路、乡村旅游公路、农村扶贫路"现状及规划情况，统筹规划临时便道，减少占地。

（3）临时用电与永久用电相结合。坚持"利用运营电路专线和当地现有电网相结合"的原则，统筹规划临时用电。项目建设初期，全面启动外供电工程，达到"一线架通、全线共享、运营兼用"的效果。施工期供电"永临结合"，在保证工程供电的前提下，减少临时设施的投入，降低了工程成本。

3.3.3　固废利用、降本增效

固废资源利用能够降低固废处理成本，减少污染物排放，净化服务区空气，提高资源利用率。固废利用、降本增效是企业持久生存的必要条件，而在新环境下，山西路桥东二环高速公路有限公司如何有效提高收入，如何有效进行战略成本管理，如何有效保证企业长期健康、持续发展是今后一段时间迫切需要研究和探讨的问题。

1. 固废利用、降本增效的必要性

（1）固废利用、降本增效是高速公路持续健康发展的必然选择。从国民经济的发展来看，中国经济体制已经实现了从计划经济到市场经济的初步转型。市场规律已渗透到国民经济的方方面面，市场经济体制改革为我国高速公路建设提供了良好的社会经济环境，追求经济效益是市场经济条件下高速公路企业发展的前提。山西省高速公路基本实施企业化管理，作为企业，追求经济效益必然放在首位，降本增效则成为高速公路企业发展的必然选择。

（2）固废利用、降本增效是高速公路持续健康发展的迫切需要。在过去的十多年时间里，我国的高速公路得到了迅速的发展，高速公路建设事业取得了巨大的成绩，但是高速公路建设成本在不断增加，从最初的每公里不到 4000 万元上升到如今某些路段每公里建设成本超 2 亿元，建设投资大，使得高速公路企业还本付息压力巨大，越来越多的高速公路在通车后陷入了巨额亏损的局面。高速公路"重建轻管"的观念依然存在，在政策、资金、人力等方面对营运管理的投入力度都不够，对高速公路的收费站点、路产养护、路面监控和安全防范等方面缺乏科学管理。对高速公路企业缺乏长期经营的观念，追求利润与降低成本的意识淡薄，这是高速公路营运管理成本难于控制的根本原因，高速公路经济效益不断降低，发展压力重重，如果再不从内部挖潜增效，再不从外部争取政策支持，高速公路企业即将陷入举步维艰的困境。

（3）固废利用、降本增效的有效实施体现了高速公路企业管理水平的提升程度。现代化企业越来越重视内部管理，降本增效措施的有效实施需要企业内部良好的管理系统作支撑，引车上路工作的开展、建设成本的控制、材料物资消耗的多少、设备利用率的高低、公路设施维护的质量、资金使用成本的控制都是高速公路企业内部管理成绩的体现。内部管理做得越好，越能在企业管理流程的关键节点把控到位，固废利用、降本增效的工作也就越能有效实施并取得成果。我国经济的高速发展，对高速公路企业的运营提出更高的要求。作为高速公路企业必须不断提升自身管理水平，充分调动广大员工积极性、主动性，不断挖掘降本增效的潜力，从而促进高速公路企业社会和经济效益的提高。

2. 固废利用、降本增效应用实例

（1）钢渣在沥青混凝土中的应用研究

山西是钢铁大省，每年产生大量钢渣，钢渣压碎值小，抗磨性好，与沥青混凝土粘附性好，选用钢渣取代传统的防滑料碎石，有效实现了工业固废材料的再生循环利用，探索了保护环境与节约成本的新途径。钢渣耐磨沥青混凝土的抗车辙指标、马歇尔试验指标、动稳定指标、抗磨指标等各项指标均符合规范标准的要求。山西省钢渣耐磨沥青混凝土在太原东二环高速公路成功铺筑，为日后省内的大规模应用提供了坚实的技术支撑，在造福社会的同时也助力山西省可持续发展。

（2）炉渣在路面底基层中的应用

气化炉渣是煤系固废的一种形式，是煤炭在 1000~1200℃ 气化时形成的熔渣，经冷却后变成固体残渣，其表面多孔，内部呈蜂窝状，质地坚硬。全国每年排放该类炉渣 2000 万 t 以上，山西省每年产渣 300 万 t 左右。到目前为止，仅有少数资源化利用途径，大部分都采取填埋方式处理。针对气化炉渣独特的物理化学特性，结合各类路用工程材料自身的性能特点，经对气化炉渣进行技术研究，可代替碎石，用于路面基层、底基层，太原东二环高速公路在路面底基层中进行了探索性的推广应用。

（3）高性能橡胶沥青混凝土的应用

随着公路建设事业的不断发展，我国公路建设的设计和施工技术同时也取得了长足的进步。因沥青混凝土路面行车舒适、噪声小、养护维修方便以及开放交通快等诸多有利因素，近年来沥青混凝土路面的修筑数量越来越多，标准也越来越高。利用废旧轮胎制成橡胶粉，对基质沥青进行改性、铺筑高性能橡胶沥青混凝土，极大地提高了路面沥青混凝土的使用性能及使用功能，同时也是一条节约成本、保护环境的路径探索。高性能改性橡胶沥青的各项指标经过全面的试验，均符合规范、标准要求。

（4）粉煤灰的综合利用

当地的发电厂每年产出大量的优质粉煤灰，太原东二环高速公路结合当地实际积极推广使用粉煤灰双掺技术拌制高性能混凝土，在桥梁下部构造、采空区处治、台背回填、路面底基层施工中均大量使用粉煤灰，水泥粉煤灰掺量达 10%~25%，水稳粉煤灰掺量达 12%，极大地节约了成本。

（5）弃渣多元化利用

加强弃渣综合利用，实现弃渣生态化管控是太原东二环高速公路最靓丽的一张名片。山西路桥东二环高速公路有限公司认真践行"少弃方、少借方、多利用"的绿色公路建设理念，加大弃渣生态化管控，实现最大限度的资源利用，减少了弃渣场土地占用，降低了施工成本，减少了对生态环境的破坏。太原东二环高速公路通过"四级"筛选多元化加工实现了"零弃零污、变废为宝"。

一级筛选：全线防排水工程取自块石、片石。

二级筛选：路面各结构层、桥混凝土所需的碎石、机制砂及矿粉来自于优质石渣自采加工。

三级筛选：符合路堤填料要求的石渣用于填筑路基。

四级筛选：剩余尾渣土方全部用作造地。

3.4 促进工程生态和谐建设

3.4.1 高速绿化工程

在绿色公路设计过程中要建立路面的植被防护体系，充分利用公路附近原生植被进行绿化防护，做好乔木、灌木、地覆植物的搭配，重点对边坡、路肩等部位配设一定的乔木和绿色植被，实现对路面和路基稳定性的有效保护。太原东二环高速公路以"践行绿色发展理念、打造生态节约公路"为建设目标，以"爱生态、护环境、求节约、创品质"为核心内容，力求把太原东二环高速公路打造成山西省高速公路绿化示范路、新亮点。

太原东二环高速公路优化采用乔灌木结合的方式，注重景观效果，打造"车在路中行，人在景中游"的高速公路风景线，实现春夏秋冬四季常新、常绿的景象。同时，太原东二环高速公路结合实际，重点对全线上下边坡、碎落台及两个枢纽、一个互通区、一个服务区的绿化方案进行设计优化，全面提升绿化效果。主要采取了以下措施：

（1）通过对边坡防护结构优化，将品质工程和绿色公路设计理念进行了融合统一，对全线四段路基滑坡段一级以上边坡将原设计的锚索框架梁＋六棱块植草优化为3S植被生态修复技术防护；填方坡面采用集中预制安装拱形骨架＋植草全坡面防护，既确保了边坡稳定又增加了坡面绿化面积，边坡防护效果如图3-1所示。

（2）碎落台原设计方案（图3-2）以常绿树种为主，色彩单一，彩叶树种较少，形不成色带且花期短，种植单一，乔灌木结合特征不明显，无层次感。后期优化（图3-3）为常绿树种、彩叶树种合理搭配，乔木、灌木、草花相互结合，实现春夏秋冬四季常新。

（3）袁家庄大桥桥头设计以山西路桥集团 logo 和字样为主题（图3-4），彰显山西路桥集团品牌，以国槐和油松作为绿色背景，前面再用紫叶李、连翘、丁香、黄华北卫矛球作为点缀。南梁大桥桥头设计考虑行车视野中高处景色是关注点，因

图 3-1　边坡防护图

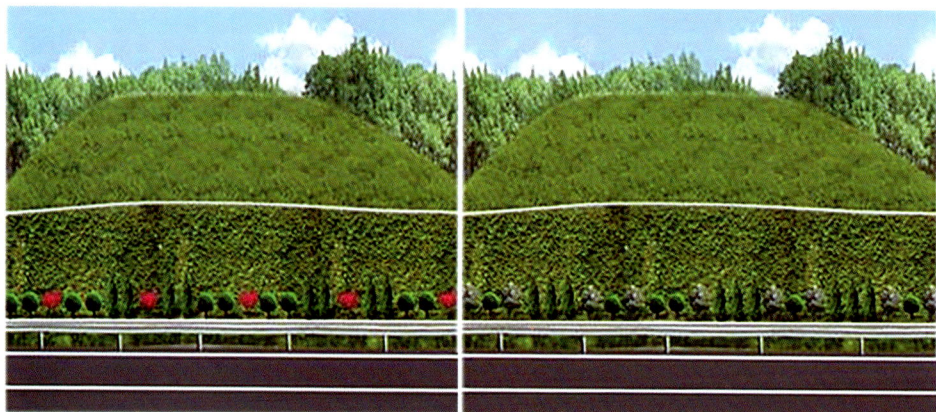

图 3-2　碎落台原设计方案效果图

图 3-3　碎落台优化效果实景图

此设计以高平台为中心，以花为主题、油松作为绿色背景。路旁平台和高平台相互呼应，以新疆杨和油松作为绿色背景，可以缓解司机的视觉疲劳。其效果如图3-5所示。

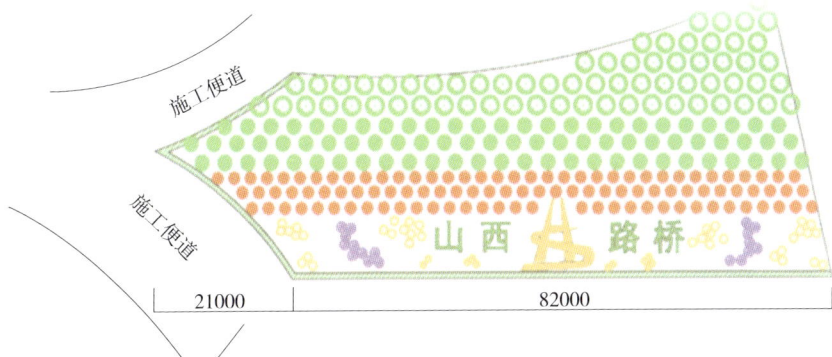

图 3-4 袁家庄大桥桥头设计图

图 3-5 袁家庄大桥桥头效果图

（4）南梁大桥桥头设计方案考虑行车视野中高处景色是关注点，因此设计以高平台为中心，以花为主题、油松作为绿色背景，前面以紫叶李、连翘、山桃开花树种作为花色变化，车辆通过时有进入花海的感觉。路旁平台和高平台相互呼应，以新疆杨和油松作为绿色背景，前面种植开花树种丁香、连翘、紫叶李做色彩变化，可以缓解司机的视觉疲劳。南梁大桥桥头平面图如图3-6所示，南梁大桥桥头效果图如图3-7所示。

图 3-6　南梁大桥桥头平面图

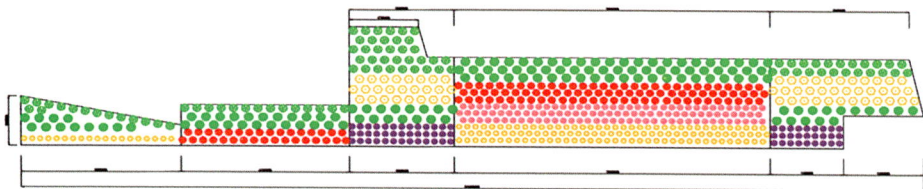

图 3-7　南梁大桥桥头效果图

（5）服务区前部峡谷将打造成一个巨大的温室花园，温室内部不同层次的天空栈道作为咖啡厅以及花园餐厅的连接，周围种植许多热带雨林植物，并且养殖蝴蝶、各种鸟类以及亲近游客的哺乳动物。将花园打造成整个服务区聚集人气的焦点。服务区内的游客在园区内就可以享受亚马逊版热带雨林的景色。栈道周围种植热带雨林植物，并且养殖可亲近的动物（图 3-8）。

1. 治理目标

坚持按照"品质工程"示范项目的标准和要求，全面提升路面工程质量。坚持从源头抓起，通过优化施工组织，加强"四新"技术应用，针对性地采取消除和隔离污染源的有效措施，着力解决传统施工作业模式下路面面层施工污染的质量通病，实现"面层零污染"目标。

2. 治理重点

通过综合分析造成路面污染的各类因素，将以下内容作为路面污染治理的重点（表 3-1）。其中车辆交通污染是指车辆排放出的烟、尘和有害气体，其数量、浓度

图 3-8　空中栈道鸟瞰图

和持续时间都超过大气的自然净化能力和允许标准，使人和生物等蒙受其害；交叉施工污染是指由于工程施工中涉及多个专业、多家施工单位、面多线长等客观实际情况所存在的交叉污染和相互干扰等问题。

路面污染重点治理内容　　　　　　　　　　　　　表3-1

序号	污染类别	重点治理内容
1	车辆交通污染	（1）施工车辆经路基上下路口、拌合站出入口，土质路基与路面结合部位，桥梁台背、伸缩缝等位置沾带泥土造成的路面污染。 （2）施工车辆沿线抛洒、滴漏造成的污染（泥土、原材料、砂浆、混凝土、混合料等）。 （3）各种施工车辆、机械设备出现故障、维修漏油，沥青料车过量涂刷隔离剂等造成的机油、柴油污染（包括压路机、摊铺机、运输车、交安钻孔设备、起重设备、小型柴油发电设备等引起的油污染）
2	交叉施工污染	（1）路基剩余土方、桥涵及防护、排水工程施工现场污染。 （2）路面工程施工污染： 1）盲沟开挖、边沟施工、中央分隔带护栏安装、路边石施工现场污染； 2）中央分隔带、碎落台、路肩填土污染； 3）透层、粘层喷洒对防撞护栏、路边石的污染； 4）路面各结构层施工过程中的交叉施工及废弃材料污染。 （3）交安工程立柱钻孔施工、标志基础施工污染。 （4）机电工程管道预埋造成的泥土及混凝土洒落污染。 （5）绿化工程边坡绿化、中分带、碎落台及路侧栽植造成的泥土洒落污染

3. 路面零污染管理流程

为持续深化太原东二环高速公路"品质工程"示范创建工作，全面提升路面工程施工质量，山西路桥东二环高速公路有限公司结合项目建设进展，针对路面面层施工后容易出现的污染问题，在综合分析造成面层污染的各方面因素的基础上，为确保实现"面层零污染"目标，制定了路面污染防治流程，如图3-9所示。

4. 零污染施工管理经验总结

（1）不同环节配合与制约。在高速公路建设当中，路面的零污染处理是其中的一个重点环节，同整个项目的控制、调整与计划具有十分密切的联系，且同项目招标安排、实施计划安排、交通工程施工以及项目前期布局等都具有相互影响与制约的关系。只有在项目施工前期规划好相关条件，才能够有效实现零污染的处理目标。对于高速公路后期工程项目，在整个项目施工的前期即需要做好全局性的规划，提前做好后期施工管理部门的设立，如机电、房建部等，以此实现后续工程的尽早跟踪。附属工程方面，需要同时进行，做好台背冲压、台背压浆以及中分带等工作内容的提前规划，通过适当人力资源的安排保障施工进度，以此避免施工污染问题的发生。

（2）实现施工标准化。在路面施工标准化管理当中，零污染是其中的一项重点要求，也是施工标准化的一项重要成果，通过加强技术管理，完善施工标准化，以此实现无污染的施工目标。如在对混凝土进行摊铺前应做好下承层的检查，保证其洁净、无污染，且具有良好的干燥性。同时应严格控制下封层沥青油喷洒量和胶轮碾压混合料的遍数，避免铺面泛油问题的发生。

（3）建立专门机构。路面施工处于整个公路建设的后期阶段，有很多工程处于交叉施工状态，如绿化工程、机电工程、交通安全设施工程以及管道预埋工程等。对于这部分工程而言，在具体类别方面存在着较大的差异，且具有不同的管理归口。在该种情况下，要想有效提升路面污染防治水平，就需要能够在联系各方的基础上有针对性地成立起零污染管理机构，通过加强管理力量，制定有针对性的路面防污管理办法，便于有序开展防污染工作。在具体实施当中，需要在防污染方式的基础上对参建各方提出要求，对污染路面的施工行为进行及时的处罚与制止，在对现场施工进行严格监督的基础上避免其受到污染。此外，作为路面

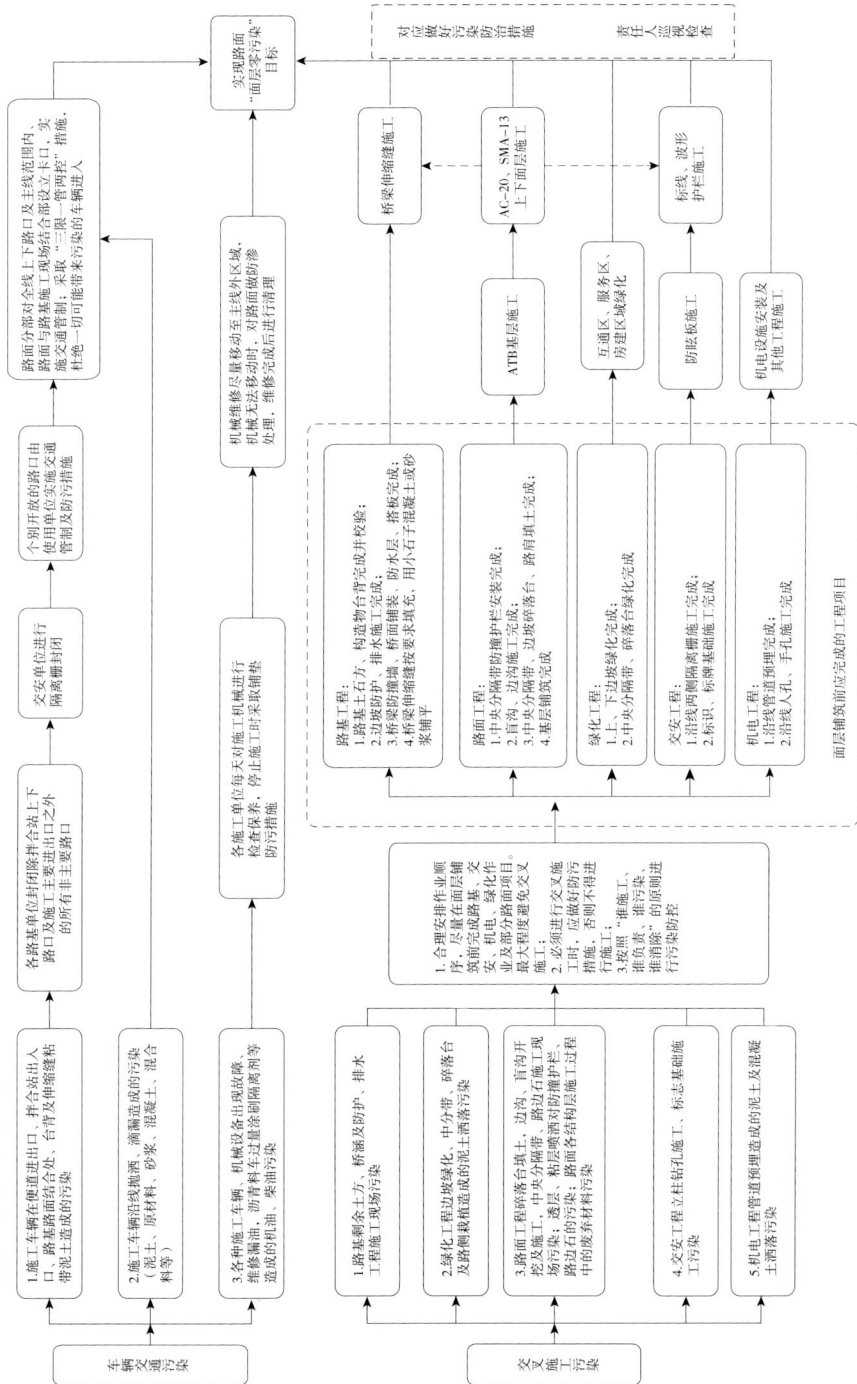

实现路面"面层零污染"目标

路面分部对全线上下路口及主线范围内，路基路面施工现场结合部设立卡口，实施交通管制；采取"三限一管"措施，杜绝一切可能带来污染的车辆进入

个别开放的路口由使用单位实施交通管制及防污清扫措施

各路基单位封闭除本合站上下路口，路基路面施工主要进出口之外的所有非主要路口

安排单位进行隔离棚封闭

机械维修尽量移动至主线外区域，对路面做防渗处理；机械无法移动时，对路面防渗处理，维修完成后进行清理

各施工单位每天对施工机械进行检查保养，停止施工时采取铺垫防污措施

1.施工车辆在便道进出人口、路基路面直行合站处、台背及伸缩缝处粘带等造成的污染

2.施工车辆沿线抛洒、滴漏造成的污染（泥土、原材料、砂浆、混凝土、混合料等）

3.各种施工车辆、机械设备出现故障维修漏油、渗青等过量溢出润滑剂零造成的机油、柴油污染

车辆交通污染

| 路基工程：1.路基土石方；2.边坡防护；3.桥梁防撞墙；4.桥梁伸缩缝接缝表表填充，用小石子混凝土或砂浆找平 | 构造物台背完成并检验；搭板完成；防水层完成；边坡完成、路肩填土完成 |

| 路面工程：1.中央分隔带防撞护栏安装完成；2.盲沟、边沟施工完成；3.中央分隔带、路缘石完成；4.基层铺筑完成 |

| 绿化工程：1.上、下边坡绿化完成；2.中央分隔带、碎落台绿化完成 |

| 交安工程：1.沿线两侧隔离隔棚施工完成；2.标识、标牌基础施工完成 |

| 机电工程：1.沿线管道预埋完成；2.沿线人孔、手孔施工完成 |

面层铺筑前应完成的工程项目

桥梁伸缩缝施工

ATB基层施工

互通区、服务区、房建区域绿化

防眩板施工

机电设施安装及其他工程施工

AC-20、SMA-13上下两层施工

标线、波形护栏施工

1.合理安排作业顺序，尽量完成路面基层、绿化件业及路面分部施工，机电、绿化件业及路面分部施工，最大程度避免交叉施工；2.必须进行交叉施工时，应做好防污措施，否则不得进行施工；3.按照"谁施工、谁负责、谁污染、谁清除、维清除"的原则控制进行污染防控

| 路基剩余土方、排水工程施工现场污染 | 桥涵及防护 |

2.绿化工程边坡绿化、中分带、碎落台及路侧栽植造成的泥土洒落污染

3.路面工程碎落台镇土、中央分隔带、边沟、盲沟开挖及底层污染、路边防撞护栏、路面污染、透层、粘层喷洒对防撞护栏、路面污染、透层、粘层喷洒对防撞护栏、路面各结构层施工过程中的废弃料污染

4.交安工程立柱钻孔施工、标志标牌施工污染

5.机电工程管道顶埋造成的泥土及混凝土洒落污染

交通施工污染

图 3-9 路面污染防治流程框图

039

房屋管理机构，也需要严格做好对施工单位的督促，制定好施工组织方案，对路面施工当中出现的问题及时做好通报，对于路面存在污染的单位，要及时责令整改，监理单位也需要做好路面防污工作的监督落实，最大程度减少路面污染问题的发生。

3.4.2　绿色方案优化

1. 环保选线

（1）灵活运用技术指标，不盲目追求高指标。做好路堤与桥梁、路堑的方案比选，做好横断面和纵断面设计，实现填挖平衡。绿色公路设计中要注意优化道路线形和构造结构横截面；同时要控制道路纵坡，在减少起伏范围和上下高程的基础上降低公路行车的风险和能耗；要避免公路路面设计中出现连续长大纵坡的问题，在有效提升公路行车安全性的基础上降低行车过程中能源的消耗。同时在纵向坡度过大的区域必须要设计避险车道、降温车道和消能措施，确保公路行车的安全。最后在纵向坡度设计中可以采取持续优化的策略，在速度与安全、节能和通畅等环节上取得最优效果，既做到对公路建设难度的全面控制，又对日后公路的高效率、高安全使用提供设计上的可能性和可行性。

（2）路线方案比选中，将减少高填深挖、保护生态环境作为主要考虑因素。进行多方案比选，特殊路段按照自然地势进行分散展线与集中展线的比较。公路选线过程中要坚持绿色发展的思想，要根据地形、地貌、地质进行公路选线工作，必须坚持节能施工、绿色行车的公路建设基本原则。在实际的公路选线中首先要确定公路走向，公路线路尽量与河流、山川、地形的流向、走向、起伏相吻合，做到不在公路选线设计中强拉直线，也不出现公路选线中硬性切割地形的问题出现，从总量上减少公路施工中高填、深挖等现象的出现，整体性地控制边坡高度，在大的范围和系统内控制对自然及生态系统的改造和破坏，在系统性地减少主体、功能、防护等工程工程量的前提下，降低公路在建设和运营中的能耗和碳排放。

2. 边坡生态防护

适当放缓挖方坡率；控制路堑高度；尽量采用生态防护。

（1）边坡生态开挖：边坡开挖注重保护原有生态群落，尽量保留周边地势的生态特征。通过设置挡墙放缓边坡等措施，将公路施工对生态环境的扰动降为最低，同时采用植生袋景观装饰墙等方式进行边坡防护和美化。

（2）坡面生态防护：边坡防护经历了传统工程（圬工）防护、绿化防护（植物防护和工程防护相结合）、生态防护三个阶段。正在逐步向着边坡零裸露、圬工全遮挡方向发展。太原东二环高速公路中对边坡绿化进行系统化的针对性设计，在分析公路区段小环境的基础之上，采用新型仿生技术在相对低廉的资金投入下，完成人工生态系统的自然演替，达到边坡生态系统全寿命自然循环系统。

边坡尤其是路堑挖方边坡，其生态防护设计是太原东二环高速公路的重要内容。是否真正体现环保景观新的设计理念、新的设计手法，很大程度上体现在边坡生态防护设计是否科学合理，是否达到既能满足安全稳定的要求、同时又体现出美观环保的目的。因此，应坚持"边坡稳定为前提、自然协调为基础、地域文化为特色、适地适树为原则、长远效果为目的"的原则，恢复工程坡面的自然植被。

3.4.3 生态环境监测

近年来，我国公路建设取得了迅速发展，但随之而来的生态环境破坏、对周围环境影响等问题也日益突出。加之我国现行的建设项目环境影响评价制度和"三同时"制度存在两头重中间轻的情况，即重环保审批和竣工验收，而缺乏足够的环境监管人员对中间施工环节进行监督，从而造成在项目建设过程中环保措施和"三同时"落实不到位、未经批准擅自做重大变动等违法现象比较突出，使得建设过程中产生的环境问题存在投产后集中体现的隐患。公路工程建设要加强全过程环境保护监管，尤其是施工期的环境保护监管，实施有效的监督考核与责任追究制度；健全并推行环境监理制度，推动环境监理工作制度化、规范化、标准化；全面加强行业环保统计能力建设，建设公路交通环境管理信息平台，建立公路环境保护公报制度。太原东二环高速公路通过对生态环境监理和生态环境监测，及时发现影响生态环境的因素和问题，并及时修复、完善，起到了加强生态环境保护的作用。除此之外，山西路桥东二环高速公路有限公司持续通过对施工期环境、水土保持进行监测，对施工期环境和水土保持实施监理，及时发现和改进施工过程中存在的环保、水保方面的不足和问题。

1. 组织管理

建立健全绿色施工管理体系，成立绿色施工管理领导小组，由建设单位牵头，监理单位全过程监督，施工单位具体落实，全面做好绿色施工管理，加强过程考核，实现既定目标。

2. 实施方式

严格遵守国家和地方有关环境保护的法令，在施工过程中采取有效措施对施工现场的环境进行保护。坚决执行贯彻国家和地方有关环境保护的法律、法规，杜绝环境污染。将环境保护工作真正落实到基层，落到实处。加强宣传教育，提高施工人员环保意识，做到"预防为主、防治结合、综合治理"。加强对污染气体、污水、废渣、粉尘、垃圾等的管理，制定环境保护措施。各工区（班组）都应自觉遵守、执行环境保护措施，防止和减少施工对周围环境的影响。做好环境记录（包括影像资料）的文件管理，详细记录施工前后的环境状况、各种环保措施的执行情况。工程项目竣工后，应及时修理和恢复在施工过程中受到破坏的生态环境，做好环境绿化工作。

3. 制度建设

为确保绿色施工管理目标的顺利实施，制定如下的管理制度：

（1）环境保护管理制度；

（2）节材与固废材料资源利用管理制度；

（3）节水与水资源重复利用管理制度；

（4）节能与再生能源利用管理制度；

（5）节地与施工用地保护管理制度；

（6）培训制度。

4. 职工相关培训

结合项目特点，有针对性地进行绿色施工宣传，营造绿色施工氛围；定期邀请相关专家开展绿色施工培训，增强职工绿色施工意识。

第 4 章　绿色公路建设科技创新

公路交通作为国家重要的基础设施和服务业，是社会经济发展的重要物质保障。要建成现代交通运输系统，必须借助于科学技术的应用和科学技术的发展。只有通过"科教兴交"战略的实施，努力实现科技创新，才能最大限度地发挥已有运输系统的功能，为促进区域协调发展和提高国际竞争力提供运输保障，从而真正实现公路交通可持续发展。为深入贯彻交通运输部《品质工程攻关行动试点方案（2018—2020 年）》的要求，山西路桥东二环高速公路有限公司以创新助力绿色品质公路建设，引领和带动全线工程质量技术水平全面提升，推进先进公路技术创新，全力打造微创新和科技攻关的创新氛围，积极开展科研项目，实现了工程建设和技术创新的完美交融。

4.1　绿色公路建设科技创新概述

4.1.1　绿色公路建设科技创新的目标

在公路建设和养护方面，以提高质量和可靠度为目标，开发应用一系列新材料和新工艺，逐步实现工程建设养护机械化，建设"耐久高效型"绿色公路；在公路网运营管理方面，以智能运输系统（ITS）为代表开发应用先进的信息管理设备和技术，逐步实现公路网运营管理信息化；在公路运输方面，以采用计算机网络技术完善客货运信息系统为契机，逐步实现公路运输的高效专业化建设"科技创新型"绿色公路。

"耐久高效型"绿色公路是指把安全耐久、节能高效的理念引入绿色公路建设的过程中，通过强化建养一体化、打造品质工程，建设全寿命周期的绿色公路，提升施工建造质量，走可持续发展的道路。绿色公路理念和内涵不是一蹴而就的，"逢山开路、遇水搭桥"体现的是修路人的意志品质，但逢山修路对自然环境造成难以修复的破坏，大填大挖、满目疮痍的状态不可持续。新时代公路的发展需要绿色发展，建设"耐久高效型"的绿色公路。

"科技创新型"绿色公路是指把创新贯穿到绿色公路建设的各环节，人力推进理念创新、技术创新、管理创新和制度创新，强化科技创新引领作用，为绿色公路发展注入强大动力。新时期，随着信息技术的快速发展、人民群众出行需求的不断提升，给公路建设者提出了更多、更高的要求。面对这些新形势与新要求，绿色公路建设应顺应时代潮流，要以信息化技术为依托，实现管理效能、服务载体和服务水平的全面提升，支撑多元化的交通出行需求。

4.1.2 绿色公路建设科技创新的重点

对于公路领域技术创新的重点，许多学者提出了不同的看法。张春贤（文献[29]）认为公路交通技术创新的重点是面向公路建设主战场，以新材料和新工艺的开发为重点，完善公路建设技术；黄佳生（文献[30]）认为公路交通科技创新的重点是以公路交通智能化管理为目标，提高公路网运营管理技术；周正祥（文献[31]）提出公路交通科技创新的重点和关键技术是以建立现代公路运输业为目标，借助现代信息技术，全面提高客货运组织管理水平。由此可以看出公路工程技术创新应用的重点是产品创新和工艺创新、提升现代信息技术和绿色公路技术。根据上述公路工程技术创新的重点，公路工程重点技术创新应用应从以下几个方面进行：

1. 产品创新和工艺创新

公路建设部门的最终产品是"公路"。公路是具有非竞争性特征，但非排他性不充分的准公共产品，其创新的过程就是将试验室阶段的科技成果转化为现实中的实体并在使用过程中实现其价值的过程。这种活动就包含着大量的科技因素：新技术的产生、新工艺的设计、新材料的应用等。所以公路建设中的技术创新既包括产品创新也包括工艺创新，以产品创新和工艺创新来推动公路绿色品质工程建设。

2. 强化"BIM+"驱动

"BIM+"在绿色品质公路的创建上提供了新型的技术支持，BIM 技术是推动公路设计、施工、管养进入数字化、信息化的重要工具，但仅限于 BIM 技术的单一应用已经不能满足绿色公路工程的需求，必须大力发展"BIM+"技术，增强企业核心竞争力，全面提升工程建设领域数字化水平，促进绿色品质公路发展。

3. 研发绿色公路技术

绿色公路作为一种公路建设的新理念、新模式，已成为发展绿色交通的重点领域、建设美丽中国的重要标志。新时代公路的发展要坚持"强化建养一体化，打造品质工程"，建设全寿命周期的"耐久高效型"绿色公路；坚持"实施创新驱动，细化管控手段"，建设符合国情的"科技创新型"绿色公路。

4.1.3 绿色公路建设科技创新的路径

1. 建设"耐久高效型"绿色公路的创新路径

结合"货物运输量大，重载车辆较多，公路性能要求高"的特点，坚持"强化建养一体化，打造品质工程"，建设全寿命周期的"耐久高效型"绿色公路。山西作为煤炭等矿产资源输出大省，公路运输货物量占全省货物量的 40% 以上，且煤炭等重载货物运输车辆占全省货物运输车辆的 60% 以上，对公路性能指标提出更高要求。山西路桥东二环高速公路有限公司深入推进公路品质工程创建，构建责任、防控、保障三大体系，开展了"8 项攻关行动"。

（1）确保路基工程"无沉陷"。重点解决整体沉陷、差异沉降两个问题。通过对原地面、湿软地基、高填方、台背、填挖结合，进行强夯、换填灰轻质填料、重夯（液压夯）补强。并提前进行弯沉检测，消除路基承载力不足的隐患，进一步保证路基整体稳定性。同时，采用瑞雷波技术检测台背承载力，对于存在隐患的台背，通过灰土桩、CFG 桩等，消除差异沉降（图 4-1）。

图 4-1 路面沉降图

（2）确保桥梁工程"无缺陷"。围绕"梁板预制、桥面铺装、特殊桥型"进行重点管控，强制性推广应用液压整体式模板、智能喷淋养护系统等，采用桥面橡胶沥青同步碎石封层，有效防水，缓解桥面裂缝向上反射。对预制梁板孔道压浆、锚下张拉应力进行检测（图4-2），进一步把控预制梁板的整体质量。同时，积极推进钢结构在公路桥梁建设中的应用，提升桥梁品质。

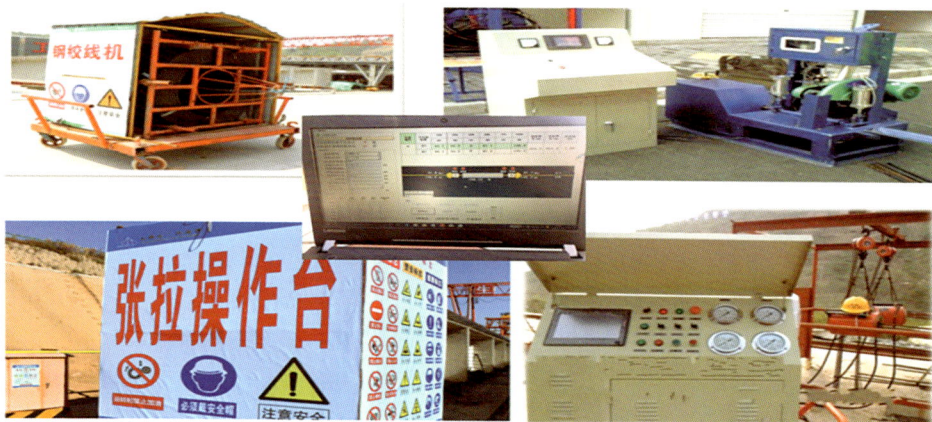

图4-2　预应力智能张拉图

（3）确保防护排水工程"无损毁"。针对不同部位来水，系统设计，做好"上部水、中部水、下部水"的拦截、疏导和排除，有效防治冲刷，提升坡面稳定性。同时，推广使用预制块拱形骨架、截水沟、排水沟等，使得防排水工程美观、耐久，便于更换维护（图4-3）。

（4）确保路面工程"无缺陷"。主要从水稳层、沥青面层两方面入手，水稳层强制推广采用二次（或振动）式拌合（图4-4），使混合料充分拌合均匀，提高强度；采用微裂剂，提高抗裂性能。沥青中面层推广采用抗车辙剂，解决高温车辙问题；引入红外光谱检测技术，保证改性沥青质量；使用全宽全厚抗离析水稳摊铺机，一次成型，提高摊铺质量。沥青上面层推广使用"主动型融雪路面技术"，有效解决路面凝冰（地穿甲）等病害问题，提高耐久性。

（5）确保房建工程"合理统一"。按照"功能合理、以人为本"的原则，优化房建主体，设置"办公区、生活区、娱乐休闲区"（图4-5），既作为路段管理中心，

图 4-3　防排水工程图

图 4-4　拌合厂图

ZB-1项目部

ZB-2项目部

ZB-3项目部

ZB-5项目部

ZB-6项目部

JL-2总监办

（a）办公区

（b）生活区

图 4-5　办公区和生活区展示图

又有利于创建品牌收费站。探索"服务区+旅游休闲""服务区+综合商业体"的模式，优化服务区功能，融入地方文化特色，提升服务品质。

（6）确保机电工程"智能先进"。确立"五年不淘汰、十年不更换"的目标，在招聘机电工程施工人员时就要选择具备专业技能的人员，同时加强对这些施工人员的培训工作，严格要求操作人员按照操作的流程进行操作，结合单位及施工实际情况制定合适的规章制度，保证整个工程建设有章可循、有法可依。

（7）确保交安工程"本质安全"。树立"正误差"理念，通过专项定制、自加工等方式，同时加强验收，做到进场的每一个交安设施全部检测，保证100%合格。设置隔离栅防止与公路无关的人和动物进入，保证车辆高速行驶的安全，防止车辆冲出路面或穿越中央分隔带，减少事故造成的损失（图4-6）。

图4-6 安全技术交底及岗前培训图

（8）确保绿化工程"自然生态"。按照"适地适树、经济实用"的原则，与主体"同步设计、同步实施、同步投入使用"；绿化苗木实施"本土化"策略，按照"一区（服务区、互通区）一品、一处（分离式路基处）一景、一角（天桥护坡、填挖边角）一绿"的理念，与周边生态环境相融合、相协调，实现"施工不流土、竣工不露土"的目标（图4-7）。

项目建成运行成果展示如图4-8所示。

图 4-7　高速公路绿化图

图 4-8　建成运行成果展示

2. 建设"科技创新型"绿色公路的创新路径

结合"地质条件复杂、受控因素较多、项目管理难度大"的特点，坚持"实施创新驱动，细化管控手段"，建设符合山西省情的"科技创新型"绿色公路。以山西省委"改革创新、奋发有为"大讨论活动为牵引，大力推进科技创新、模式创新、技术创新、管理创新，为绿色公路建设注入强大动力。山西路桥东二环高速公路有限公司以建设"科技创新型"绿色公路为目标，开展了"4项创新行动"。

（1）大力推进 BIM 技术应用，提升工程建设管理水平（图 4-9）。利用 BIM 技术制作电子沙盘，实现项目规划、策划、设计、施工、运维的全寿命周期信息共享和传递。探索"BIM+项目管理系统"，整合拌合站智能监控系统、搭建取（弃）土场动态智能管理平台等，实现项目全过程、全方位信息共享、实时管控。

（a）总体界面

（b）宏观场景路网定位、面积测量等

（c）进度管理仪表盘可视化数据呈现

（d）微观场景真实再现项目原始地貌

智慧决策

施工过程管理

（e）BIM 技术应用中心

（f）BIM 大数据指挥平台

图 4-9　BIM 技术应用图

　　（2）探索建设施工"一体化"的模式，推进交通机制体制改革（图 4-10）。从山西改革发展大局出发，探索"公开招标＋自行施工"的组织模式，对于特大桥梁等难点及控制性工程，引进中字头企业承担，起到标杆、引领、榜样作用。以合同管理为基础，对于所有的施工单位，都将严格合同管理，履约情况计入信用评价；以党的建设为引领，所有参建单位必须成立项目党支部，纳入公司党委统一管理（图 4-11）；以行政管理为补充，对于省内路桥队伍，在合同和组织管理的基础上，引入"行政管理"的手段，强化管理。

图 4-10 建设施工一体化图

图 4-11 党建工作攻关图

（3）全力推广"四新""五小""三微改"等科技创新，提升创新水平（图4-12）。积极推进科技创新，强化科研与设计施工联动，结合工程特点与难点，合理制定科技攻关计划，开展施工专项技术攻关多项，创新激励机制，推进"微创微改"，促进科技成果转化、推广。山西路桥东二环高速公路有限公司共开展微创新30项，推进落后产能淘汰、老旧工艺更新、"机械换人"等纵深发展，提升绿色公路管理效能和科技含量。

北斗 TX63 挖掘机无桩化施工技术

北斗 TX63 挖掘机无桩化施工引导系统利用北斗高精度定位获取厘米级定位值，可提高施工效率、缩短施工周期，降低劳动强度，减少人为误差；节省管理和施工成本、增加利润，节能降耗、实现绿色施工。

钢筋加工机器人焊接

智能焊接机器人施工质量稳定，操作精度高，极大地减少了工人的劳动强度，提高了生产效率和焊接质量。

北斗 TX63 无桩化施工

北斗 TX63 无桩化施工的边坡

北斗平地机 3D 控制施工

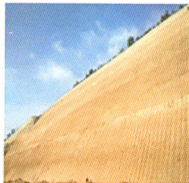

图 4-12　工程质量安全技术"微创新"攻关图

（4）深化现代工程管理，推进"工地工厂化建造"。针对公路项目"点多、线长、面广"的实际，推进标准化、集中化建设，将抽象的、虚空的、粗放的、人为的、随意的施工行为，变成具体的、形象的、精细的、智能的、强制性的规范和要求。推进"工地向工厂"的转变，以精细化管理为抓手，突出现代科技创新和现代施工装备的支撑作用，大力推进构件生产工厂化、一线班组规范化管理（图4-13）；推行人本管理理念，以"6S班组""6美项目部""幸福小镇"建设为手段，实现农民工集中管理、集中教育、集中培训，另外开展"三晋交通建设优秀班组"和"三晋工匠"评选，促进工人全面发展（图4-14）。

项目建成运行成果展示如图4-15所示。

（a）电动钢筋防雨棚

（b）钢筋运输叉车

（c）钢筋小构件运输车

（d）模架法加工腹板钢筋

（e）模架法加工顶板钢筋

（f）整体吊装腹板钢筋

（g）整体吊装顶板钢筋

（h）整体吊装齿板钢筋

图 4-13　工厂化生产图

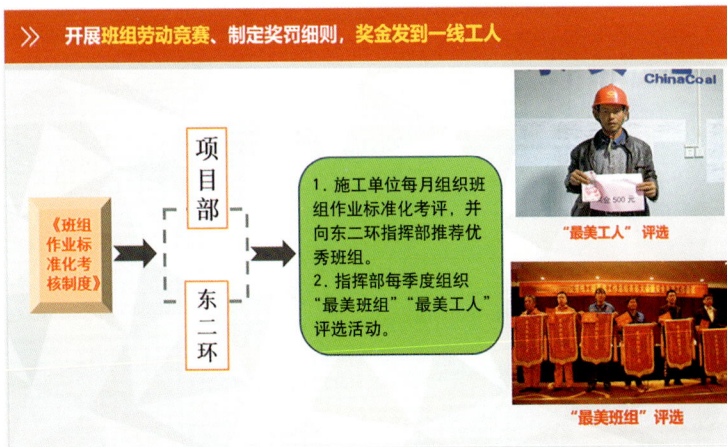

图 4-14　班组作业标准化考核制度图

图 4-15　项目建成运行成果展示

4.2　绿色公路建设科技创新的具体实施

4.2.1　质量控制方面

1. 减低现场混凝土预制块损坏率

（1）要因及对策

太原东二环高速公路路基防护工程全部采用浆砌混凝土预制块形式防护，预制块数量共计 20.5 万余块，全线采用集中预制再分批运至现场进行安装施工，预制场设置于全线中间地段，距离两头施工最远距离约 1.5km 处。施工中现场管理人员针对到场的混凝土预制块成品掉角、开裂、断裂等损坏情况制定对策见表 4-1。

对策表　　　　　　　　　　　　　　　　　　表4-1

序号	要因	对策
1	运输中未做防振措施	采用棉被和草帘将预制块进行防护隔离达到减振目的
2	道路路况不好	采用素土将路况不良地段进行整平压实，采用水泥混凝土将路况不良地段进行硬化处理

（2）对策实施

1）增加防振措施，降低振动损坏率

防振措施制定完成后立即展开实施，计算棉被使用面积并购买棉被，然后安排专人负责监督预制场防振措施实施，保证棉被铺设全面到位。对策实施相关照片如图 4-16 所示。

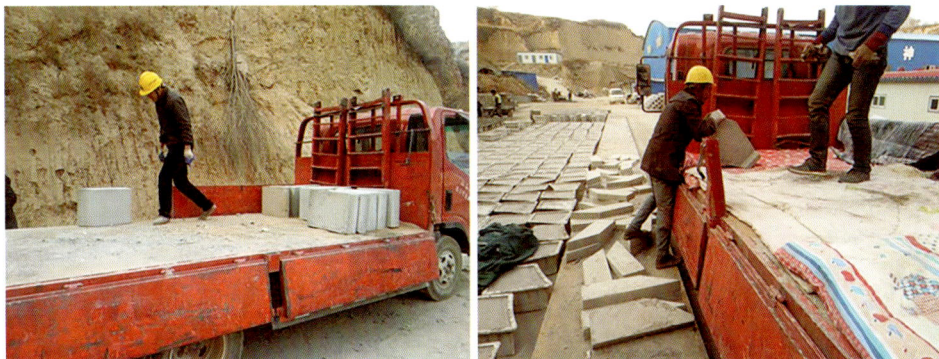

图 4-16　防振措施实施前后对比图

2）修整道路

①原路面换填整平：先采用装载机配合小型挖机对路况不良地段软土进行挖除，并使用片石进行换填。

②混凝土铺筑：采用 C30 混凝土对整平的路基进行硬化处理，保证施工期间道路平稳畅通。修整完成后，使用预制块运输车进行试行，保证运输车辆行驶平稳，以达到预期效果。对策实施相关照片如图 4-17 所示。

图 4-17　对策实施前后对比图

2. 降低 30mT 形梁腹板裂缝发生率

（1）要因及对策

梁板预制是桥梁施工中最重要的环节，其重要的标志就是梁板预制的质量；桥梁预制梁板是桥梁中的直接承重结构，其质量直接关系到整座桥梁的寿命和行车安全。现场实际施工时经常出现梁板产生裂缝的情况，给日后裂缝的处理带来极大的挑战，增加了渗漏隐患和修补外观的工程量，同时也加大了施工难度，从而造成人工和材料的超额消耗、工期延长，致使工程成本增加。为此制定的对策见表4-2。

对策表 表4-2

序号	要因	对策
1	现场人员装配经验不足	加强操作规范及质量意识方面的学习
2	混凝土浇筑时料斗距离过长	降低料斗落距
3	模板连接处螺栓孔有杂质	清除螺栓孔杂质
4	工人未对模板进行抛光	对模板进行抛光处理
5	缺少养护设施	制作安装养护设施
6	缺少封闭养护设施	制作安装封闭养护设施

（2）对策实施

1）加强操作规程和质量意识方面的学习

召开质量技术和操作规范专题学习会议，对所有施工人员进行技术业务方面的培训，学习桥梁施工规范对梁板预制的要求，学习各操作工序对梁体裂缝成因的影响。改变工人对质量意识的传统观念，提高施工人员的操作水平和责任心。对策实施相关照片如图4-18所示。

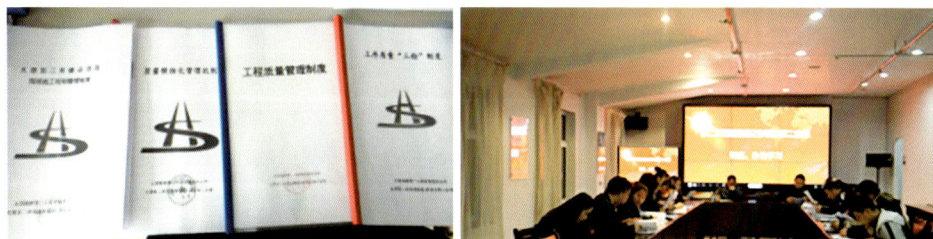

图4-18　质量管理相关制度及学习

2）派专人负责料斗放料

加强现场管理，指派专人负责料斗放料，严格控制落距在50cm范围内，及时用附着式振捣器振捣密实。对策实施相关照片如图4-19所示。

3）及时用打磨机打磨螺栓孔杂质

在每次拆除模板后应及时清理模板残留的混凝土杂物，保证模板拼接良好，无明显裂缝。对策实施相关照片如图 4-20 所示。

图 4-19　插入式振捣器振捣密实图

图 4-20　模板螺栓孔处打磨清理图

4）用打磨机对模板面进行打磨

在每次拆除模板后应及时清理模板面残留的混凝土杂物，并且在每次合模之前，对模板进行满面打磨后均匀涂刷隔离剂。对策实施相关照片如图 4-21 所示。

5）加装自动喷淋养护系统

在预制梁底座上开槽加装自动喷淋系统，在保证台座梁体腹板两侧有效喷洒范围的前提下，各加装一个喷头，并在白天定时对梁体进行喷洒养护，保证养护及时，且养护均匀。对策实施相关照片如图 4-22、图 4-23 所示。

图 4-21　模板表面打磨清理涂刷
　　　　　隔离剂图

图 4-22　台座底部加装喷淋养护装置图

图 4-23　喷淋养护装置应用图

6）加装移动式密闭养护棚和蒸汽养护设施

根据预制梁长度制作移动式密闭养护棚，在连接部分内侧装密封条，外侧覆盖棉被等保温材料，保证夜间棚内温度在梁体养护的适宜温度范围内，并使用蒸汽养护设施对低温环境梁体进行养护。对策实施相关照片如图 4-24、图 4-25 所示。

图 4-24　移动式养护棚安装应用图

图 4-25　移动式养护棚配合蒸汽养护机养护作业图

3. 提高预制 T 梁钢筋保护层合格率

（1）要因及对策

在桥梁施工中，梁板预制是整体桥梁工程的关键性工作，而在梁板中混凝土保护层起着保证结构受力性能、安全性、持久性、耐久性等重要作用。在交通运输部质监总站组织的全国高速质量检查中，混凝土保护层厚度达不到设计要求被列为影响桥梁工程质量的重要原因之一。因此，混凝土保护层厚度是桥梁施工不容忽视的技术指标。太原东二环高速公路要求严格控制预制 T 梁质量，钢筋保护层合格率达到 95% 以上。QC（质量控制）小组对已预制 T 梁钢筋保护层厚度进行检测，发现钢筋保护层厚度合格率偏低，平均合格率为 85%。为此制定的对策见表 4-3。

对策表 表4-3

序号	要因	对策
1	岗前培训力度不足	强化岗前培训意识，抓好检查落实情况
2	设备性能低	更换数控钢筋弯曲机
3	垫块绑扎位置不准确、不牢固	将垫块绑扎在最外层钢筋，采用十字梅花绑扎工艺

（2）对策实施

1）强化岗前培训力度

①由施工多年、技术经验丰富的老技工对新入场工人进行钢筋制作与安装的岗位培训，并对参加培训的人员安排进行实际操作和书面考核，平均得分 89 分，合格率 100%，人员均通过考核。

②由工段长重新进行技术交底，使每名工人明白工作内容及质量要求，并且重新进行首件工程认证。

对策实施相关照片如图 4-26 所示。

2）更换新设备

①组织更换数控钢筋弯曲机，组织各操作工人对设备操作方法进行培训。

②在此期间技术工人用新设备对钢筋进行加工安装，并由现场负责人对施工人员进行指导，质检员负责检测合格率。

图 4-26　岗前培训图

对策实施相关照片如图 4-27 所示。

图 4-27　更换后数控钢筋弯曲机图

3）将垫块绑扎在最外层钢筋上，采用十字交叉梅花绑扎工艺

①组织培训，设立专人进行垫块绑扎，严格按照图纸设计的净保护层要求，将垫块以梅花形布置绑扎在钢筋最外层。

②采用一字形绑扎的垫块由工段长及技术员进行监督，重新采用十字交叉梅花绑扎的方法，与钢筋绑扎牢固，模板支设时未脱落。

对策实施相关照片如图 4-28 所示。

图 4-28 采用十字交叉梅花绑扎方法绑扎垫块图

4. 提高薄壁空心墩柱钢筋施工精度

（1）要因及对策

太原东二环高速公路中涧河特大桥全长 1088m（图 4-29），下部结构采用薄壁空心墩，为太原东二环高速公路关键控制工程。钢筋作为混凝土构件的骨架，施工精度控制相当重要，对钢筋混凝土结构的耐久性存在重要影响。钢筋间距不规范导致钢筋受力分布不均匀，影响混凝土结构的耐久性、安全性及整体性。墩柱钢筋偏差一直是目前施工较难克服的质量通病之一，直接影响到混凝土工程结构安全，虽可以后期整改，但整改的过程容易损坏钢筋半成品。本工程施工中的墩柱钢筋施工精度做得不够理想，为此制定的对策见表 4-4。

（2）对策实施

1）严格执行检查制度，发现问题及时整改

①严格执行检查制度，现场技术人员在施工队报验后，浇筑前严格检查钢筋间

图 4-29 涧河特大桥

对策表　　　　　　　　　　　　　表4-4

序号	要因	对策
1	未严格执行检查制度	严格执行检查制度，发现问题及时整改
2	箍筋与主筋绑扎不规范	现场张贴绑扎要点，提高人员质量意识
3	混凝土垫块不足	严格控制垫块数量，确保保护层厚度符合要求
4	振捣操作不规范	规范振捣行为，避免碰撞钢筋骨架
5	风速较大导致钢筋变形	建立大风预警机制，设置劲性骨架操作平台，保证钢筋稳定性
6	主筋长度长	
7	场地钢筋堆放不规范	标准堆放钢筋，严禁乱堆乱放

距，必须逐点检查保护层的厚度、主筋间距及箍筋间距，对不符合要求的，必须坚决整改，且必须在施工队整改完成后，方可通知质检员进行验收。质检员验收合格后，再由质检员通知监理人员验收。

②QC小组指派专门人员不定期对现场检查制度落实情况进行抽查，对未严格执行检查制度的人员进行通报批评。

2）现场张贴绑扎要点，提高人员质量意识

①钢筋绑扎前，分别对绑扎不同部位钢筋笼的班组进行交底，保证每个操作人员都掌握绑扎要点。

②在现场质量展板上张贴钢筋绑扎技术要求以及钢筋间距技术指标。

③绑扎立柱钢筋前，需先调整桩基主筋的位置；并经技术人员验收桩基主筋位置合格后，方可焊接立柱纵向筋与桩基主筋。同时，为了保证钢筋骨架的稳固性，在绑扎过程中，要确保钢筋绑扎及连接的质量符合设计图纸和规范要求。

④钢筋安装队伍每天早上召开班前会，反复强调钢筋绑扎关键点，加强作业人员质量意识，使一线操作工人将钢筋绑扎质量及操作要点落实到实处。

3）严格技术交底工作，加强现场管控力度

①对于墩柱施工，采用符合标准化作业指导书要求的梅花形垫块，垫块经监理工程师检验满足使用部位要求后，方可使用于本工程结构物。

②在绑扎墩柱钢筋骨架的过程中，严格控制梅花形垫块间距，垫块上下间距不大于0.5m，将符合要求的垫块按规定依次绑在主筋上。垫块梅花形布设，布设间

距均匀一致。特殊情况下，在施工过程中应根据现场实际情况，对重要部位增设垫块数量，充分保证钢筋保护层满足设计和规范要求。

③垫块安放稳定，与钢筋接触紧密，无悬空翘角等现象，再用绑扎丝和钢筋固定牢固，保证垫块不易在混凝土浇筑振捣过程中发生移位，且绑扎丝头一律弯折到钢筋内侧，一律不得进入保护层内。

4）规范振捣行为，避免碰撞钢筋骨架

①混凝土浇筑时，技术人员必须全程跟踪，并及时掌握浇筑动态。有必要时，浇筑人员需进入墩柱内部对混凝土进行浇筑振捣，最大限度地防止振动棒对钢筋及模板的碰撞。

②浇筑混凝土时要尽量减少对钢筋的冲击。任何人员不得随意在安装好的钢筋上踩踏。浇筑混凝土的操作人员要采取施工措施以避免踩踏钢筋。在浇筑混凝土时，派专职钢筋工进行护筋，发现钢筋被踩踏移位，应及时进行修整。现场技术人员要在混凝土浇筑过程中加强对钢筋位置和混凝土垫块的检查，若发现钢筋移位或混凝土垫块破碎、脱落时，要立即督促施工人员修整钢筋和增补混凝土垫块。杜绝在混凝土浇筑过程中振捣无序、局部过振或振动棒触及钢筋骨架、模板等。

5）建立大风预警机制，设置劲性骨架操作平台，保证钢筋骨架稳定性

①建立大风预警制度，指派专人登录全国气象灾害预警频道，每两小时查看一次相关大风预警信息，做好记录并及时将信息传送至现场指挥人员，现场指挥人员根据实际情况及时做好预防措施。

②主筋采用9m进行接长，钢筋骨架稳定性较差，为保证钢筋安装后的稳定性，设置劲性骨架操作平台，进行防风、防倒的加固，同时也可对钢筋位置进行精确定位，确保钢筋保护层符合要求。劲性骨架利用内腔操作平台设置在预留钢筋5m与8m高的位置，浇筑混凝土后再割除劲性骨架与内腔操作平台的连接。

对策实施相关照片如图4-30所示。

图4-30　设置劲性骨架操作平台图

6）标准堆放钢筋，严禁乱堆乱放

①将钢筋加工区划分为钢筋加工、原材料存放、半成品堆放及现场临时堆放区域，钢筋加工场地应平整且经过硬化处理，防止原材和半成品发生变形。

②钢筋加工区域应设置标识牌，对各种原材料、半成品或成品应按其检验状态与结果、使用部位等进行标识，防止钢筋堆放杂乱无章，造成钢筋变形。

对策实施相关照片如图 4-31、图 4-32 所示。

图 4-31　钢筋加工场图

图 4-32　现场钢筋临时存放图

5. 提高预制 T 梁蒸汽养护效果

（1）要因及对策

太原东二环高速公路要求严格控制预制 T 梁质量，设计图纸要求预制 T 梁 7d 强度达到 85% 以上方可进行张拉作业，梁体混凝土浇筑完成后，若只靠自然养护，混凝土强度增长太慢，尤其是该梁场所处山西省晋中市榆次区什贴镇龙白村，每年 10 月至次年 5 月外界气温偏低且不稳定，昼夜温差较大（10 月最大温差 15℃），导致混凝土强度增长缓慢。QC 小组对现阶段 T 梁蒸汽养护进行调查研究，发现采用棚布覆盖养护效果差，导致混凝土强度增长慢，外观质量差，必须提高蒸养效果。同时，经现场调查一片 T 梁的预制周期为 16d（包括钢筋绑扎 1d，模板安装 1d，混凝土浇筑 0.5d，养护 10d，压浆后养护 3d，移梁 0.5d），预计生产 168 片梁的时间需要 $168 \times 16/25 \approx 108d$，必须提高蒸养效果，缩短养护周期，将工期缩短至 90d 以内。为此制定的对策见表 4-5。

对策表　　　　　　　　　　　　　　表4–5

序号	要因	对策
1	拌合用水温度低，测温人员思想不重视，棚内温度监测不及时	（1）加强施工人员素质培训； （2）拌合用水采用深井水，拌合时间不小于150s； （3）严格按要求进行内部温度、表层温度和环境（棚内）温度的监测
2	蒸汽在输送过程中损失较大	用保温材料将蒸养管道重新包裹严密
3	蒸养保温效果差	采用拼装式组合蒸养棚，蒸养棚分段组装

（2）对策实施

1）加强施工人员素质培训，拌合用水采用深井水，拌合时间不小于150s，严格按要求进行混凝土内部温度、表层温度和环境（棚内）温度的监测。

为了保证梁体在蒸养时满足"内部温度与表层温度之差不大于15℃，表层温度与环境（棚内）温度之差不大于15℃"的要求，加强施工人员素质培训，严格按照要求做好温度监测工作。

①混凝土采用2台HZS–75型自动计量、自动上料电脑控制的混凝土拌合设备组成的拌合站集中拌制，严格按照施工配合比（以试验室通知单为准）进行配料，称量配料误差控制在允许范围内。

②原材料投料顺序为：先向搅拌机内投入细骨料、水泥、矿物掺合料，搅拌均匀后，再加入所需水量和外加剂，待搅拌充分后再投入粗骨料，并继续搅拌至均匀为止。

③拌合用水采用深井水加热，保证拌合时水温不小于10℃；混凝土拌合时搅拌时间不小于150s，出机温度控制在10~12℃之间，入模温度保证不小于6℃。

④混凝土蒸汽养护温度分升温、恒温、降温三个阶段实施。在升温阶段，混凝土浇筑成型后及时盖上养护棚，连接蒸汽管线提升棚内温度，升温时间为4~6h，升温速度≤10℃/h，每隔10~15min观察一次；在恒温阶段，恒温时，棚内各部位的温度差不超过5℃。恒温时间为16h，恒温温度为35~40℃，每隔30min观察一次；在降温阶段，降温时间为4~6h，降温速度≤10℃/h，每隔10~15min观察一次。

2）用保温材料将蒸养管道重新包裹严密。

用海绵将蒸养管道整体包裹，在海绵外边再包裹一层油毛毡做防水层。

3）采用拼装式组合蒸养棚，蒸养棚分段组装。

①蒸养棚宽度 4.5m，高度 4m，总长度 45m，采用方钢做骨架，塑料采光板包封，分节组装（分节长度 10m+10m+10m+10m+5m），节与节之间采用塑料膜连接。

②预制 T 梁混凝土强度达到设计标准的 85% 以上后，将蒸养棚整体吊装至下一片需要养护的 T 梁上，循环进行预制 T 梁蒸汽养护。

对策实施相关照片如图 4-33、图 4-34 所示。

图 4-33　T 梁蒸汽养护棚图一

图 4-34　T 梁蒸汽养护棚图二

4.2.2　绿色建设方面

1. 混凝土技术

钢筋混凝土梁的负弯矩处及钢筋混凝土桥面板在经受车辆重复荷载的振动、冲击、拉伸和剪切等力学性能的影响，以及由于温度、气候变化引起膨胀、收缩后，往往会产生细微裂缝而引起桥面渗水或漏水，致使钢筋锈蚀，影响桥梁的耐久性。因此研究混凝土技术非常有必要。

（1）高耐久性混凝土

本工程设混凝土拌合站一处，集中拌合混凝土，选用与水泥相匹配的高效减水剂，在水胶比不大于 0.35 的条件下，使用粉煤灰矿物掺合料替代部分水泥作胶凝材料。这些矿物掺合料在拌制的混凝土中发挥填充效应，和火山灰反应后使混凝土变得更加致密，从而降低了混凝土的渗透性和混凝土拌合物的用水量，提高了混凝土的耐久性能。

（2）混凝土裂缝控制技术

本工程从设计、材料、施工中每一个技术环节都严格要求，以提高混凝土的抗裂性能，从而达到防治混凝土裂缝的目的。在设计上，考虑了各构件的结构构造，材料上严格控制混凝土原材料（水泥、掺合料、细骨料、粗骨料）的选择。施工中综合考虑混凝土配合比对抗裂性能的影响因素、抗裂混凝土配合比设计以及抗裂混凝土配合比优化设计方法等一些技术措施来提高混凝土的抗裂性能。

2. 钢筋及预应力技术

现阶段，预应力技术在公路桥梁工程施工中的应用十分普遍。预应力可以显著提高公路桥梁的质量以及施工效率，具体表现在可以很大程度地增加公路桥梁的横跨距离，减轻工程结构质量。并且，对于施工中易出现的混凝土裂缝问题也有很好的预防作用。但当前预应力技术在公路桥梁的应用仍有一些不足之处，施工单位及相关工作人员应当不断深入探索，提升预应力技术水平，以推动公路桥梁建设工程的发展。

（1）大直径钢筋直螺纹连接技术

直螺纹连接具有接头强度高，可100%发挥钢筋抗拉、抗压强度，操作简单，不需要专业技工，具有现场连接速度快、设备投资少、成本低、环保、安全、不受环境及气候影响等特点。为此，本工程桥梁承台、墩身、主梁、主塔中直径大于等于16mm的钢筋采用直螺纹连接。

（2）无粘结预应力技术

无粘结预应力是指无粘结预应力筋与混凝土不直接接触而处于无粘结的状态。无粘结预应力筋是带防腐隔离层和外护套的专用预应力筋，具有构造简单、自重轻、施工简便、预应力损失小、抗腐蚀能力强、抗疲劳性能好、抗震性能优等特点。无粘结预应力是翻新和增加现有结构寿命的强大工具。本工程桥梁主梁采用高强度低松弛光圆无粘结预应力钢棒。

3. 钢结构技术

钢结构桥梁对外部环境影响较小、整体性好、外形简洁美观、预制加工方便、施工周期短、强度高、自重轻、跨度大以及抗扭刚度大都是钢结构桥梁的特点。但是钢结构桥梁普遍存在服务寿命短、耐久性差、全寿命经济性指标差等问题，影响其正常服务功能的发挥，同时给维修和养护等造成困难。因而，钢结构桥梁的耐久性设计日益受到关注。

太原东二环高速凌井店枢纽位于凌井店乡南庄村，用于连通新建的东二环高速、平阳高速和拟建的太原北二环高速（图4-35）。枢纽形式采用十字形交叉，出入口分别为A、B、D、F四条匝道与平阳高速公路连接，主线接太原北二环高速。其中B道桥、主线2号桥上跨平阳高速主线。枢纽范围内设计接长平阳高速公路原有涵洞4道，接长通道2座。为跨越平阳高速，B匝道桥采用桩式基础、柱式墩，主梁截面由钢箱梁组成，钢箱梁底宽6.6m，桥面宽度为12.25m，结构中心线处箱梁梁高为2.3m，桥梁横坡通过腹板不等高形成，长度组合为40m+56m+40m。主线2号跨线桥主梁截面由钢箱梁组成，左右分幅，左幅钢箱梁底宽23.258m，结构中心线处箱梁梁高为2m，桥面宽29.368m；右幅钢箱梁底宽10.39m，结构中心线处箱梁梁高为2m，桥面宽16.5m；桥梁横坡通过腹板不等高形成，长度组合为35m+50m+35m。钢箱梁材料采用Q345qD，用钢量达4021.556t。桥梁全部采用钢箱梁设计，提高了桥梁使用寿命，降低了全寿命使用成本；设计结构上降低了上部结构自重，减轻了桥梁地震反应，节约了建设成本；从全寿命周期来看，采用钢箱梁降低了建设成本、管理成本和养护成本，贯彻了全寿命周期成本概念。

4. 预拌砂浆技术

本工程在边坡防护砌筑和预应力压浆中，采用预拌砂浆技术，提前将水泥、细集料、外加剂和水以及根据性能确定的各种组分，按一定比例，在搅拌站经计量、

图4-35 太原北二环高速公路

拌制后，采用搅拌运输车运至使用地点，放入专用容器储存，并在规定时间内使用完毕。该技术有利于文明施工和环境保护，同时降低材料损耗。

5. 现浇混凝土外墙外保温施工技术

本工程混凝土外墙表面保温采用保温棉全包裹覆盖，内置蒸汽加湿加热设备，充分保证了混凝土的温度不散失，起到节能减排的作用。

6. 抗震、加固与改造技术

竖向地震作用会损坏建筑物和桥梁，即使是规则构造的建筑物也是如此。公路桥梁在发生强烈地震后保持正常运转至关重要，因为它们是运输资源的关键基础设施。桥梁作为交通枢纽的核心部位，建设成本高，一旦遭遇地震破坏将会造成巨大的经济损失。历次地震中造成大量桥墩震害，使得考虑桥墩的弯曲、弯扭、弯剪、弯剪扭作用在桥梁抗震分析中显得非常重要，目前已成为抗震研究的重点。

（1）消能减震技术

在主桥及副桥箱梁的体外束中采用镀锌减震器，起到消能减震作用，以增强结构抗震能力，同时采用波形钢腹板代替传统腹板，以增强主梁结构的抗震性，使得整体桥梁在具有大震安全性的同时，也具备经济性与技术合理性。

（2）结构安全性监测（控）技术

桥梁在墩身及主梁中埋入检测设备，对结构的变形、应力、应变、荷载、温度、结构动态参数进行实时监测，根据监测数据评估结构状态与安全性，以采取相应的控制或加固修复措施。

4.2.3 科学管理方面

目前，国内大部分公路施工方法仍以原始的手工作业为主，现场缺乏现代化的公路施工质量测控手段，施工人员只能依靠经验判断、简单测量等手段来保证对施工工艺的执行。甚至由于部分施工人员职业道德和专业素质低下，在施工过程中不按施工规范进行施工，严重影响工程质量，致使工程质量达不到设计要求。如公路路面设计要求使用寿命约 15~20 年，而实际情况是几年时间就要大修或重修，很多新修公路使用年限达不到设计寿命。

高速公路施工企业在不断追求市场与利润的同时，严把施工质量已成为重中之重。因此，在新时期数字化、"互联网+"时代的公路建设背景下，在施工过程中，高速公路施工企业对各个施工环节进行实时质量监测分析，详细记录分析施工过程中实际的工艺参数，建立全过程数字化控制与管理技术平台，进一步提高公路建设质量，就显得非常必要。

1. 施工现场远程监控管理和工程远程验收技术

太原东二环高速公路通过设置覆盖整个工程的高清摄像头，能将施工现场每处情况及时准确地提供给项目指挥部，实现远程协调与指挥工作；将施工现场的图像、语音通过网络传输到任何能上网的地点，实现与现场完全同步、实时的图像效果，通过视频语音通信客户端软件，对工程项目进行远程验收和监控，并能实现将现场图像实时显示并存储下来。

2. 工程量自动计算技术

太原东二环高速公路通过引进 BIM 技术，实现模型的信息化，并通过独特的 WBS 编码对模型构建进行编辑，可由模型直接生成 Excel 表格，从而实现通过模型直接计算出工程量，与传统的人工复核工程量相比，更加快捷与准确。

3. 项目多方协同管理信息化技术

日常管理应基于信息化，收集用于管理准备的数据，将数据处理为信息以寻求管理重点，使用用于现场控制的信息，用于工作和管理改进的信息反馈。太原东二环高速公路通过建立信息化平台，实现了将工程项目实施的多个参与方（投资、建设、管理、施工等各方）、多个阶段（规划、审批、招标投标、施工、分包、验收、运营等）、多个管理要素（人、财、物、技术、资料等）进行集成管理的技术。

4.3 绿色公路建设科技创新成果

4.3.1 技术创新成果

山西路桥东二环高速公路有限公司及时总结关键技术工艺，形成了小型预制块自动化预制施工技术、拌合站水泥罐料位自动控制技术、预制 T 梁钢筋整体入模施工技术、涵洞墙身整体液压模板支护技术、钢筋笼滚焊机施工技术、预制梁模块化钢底座、钢筋锥套筒连接件、钢构桥桥面调平机构、黄土冲沟桥涵设置等工法，全部被认定为省级优秀工法。

1. 小型预制块自动化预制施工技术

（1）原理

为混凝土预制自动化生产装置，混凝土拌合站内设置水平料斗，水平料斗底部设置分料筒，分料筒通过绞龙电动机带动内置的绞龙分料，推送辊筒台设置在水平轨道下方，振动辊台设置在推送辊筒台下方，振动辊台和推送辊筒台之间设置若干振动电动机和若干弹簧，每个推送辊筒台上设置料盒，推送辊筒台通过推送电动机带动使料盒移动，推送辊筒台出口端设置叉车接收辊架。

（2）效果

采用该技术，加快了施工进度，保证了施工质量，确保了施工现场整洁，降低了施工成本，促进了绿色施工技术的发展。该技术将以前的罐车运输、人工铲料转为全自动化预制生产，彻底把以前的"场"转化到现在的"厂"，消除了大量的劳动力和罐车的投入，提高了预制速度，对建设周期短的工程效果显著，施工产生的建筑垃圾、粉尘、噪声、污水等公害也得到了最大限度的降低，真正达到了标准化建设和绿色文明施工，为以后的小型预制块生产提供了可靠的决策依据和技术指标，此技术将促进小型构件预制施工的技术进步，工程成本和环境效益明显。该技术与以往小型构件预制工法相比，占地面积小，场地易于布置，工程进度快、投入劳动力少、投入机械设备少、干扰因素少，有利于文明施工和绿色施工，节约了成本，保护了环境。相关施工照片如图4-36、图4-37所示。

图4-36　自动化输送带图

图4-37　小型预制块晾晒区图

2. 拌合站水泥罐料位自动控制技术

（1）原理

利用电动机带动叶片旋转，当被测介质上升到叶片位置时，叶片受介质阻挡停止转动从而通过控制机构输出开（通）或关（断）的触点信号；当介质下降离开叶片时，在弹簧的作用下，叶片恢复原位继续转动探测介质的位置变化。利用电动机带动叶片旋转，当被检测物料上升至叶片位置时，叶片转动受阻，该阻力通过传动轴传递到接线盒内的检测装置，检测装置则向外输出一个开关信号，并切断电动机电源使叶片停止转动。当物料下降时，叶片阻力消失，检测装置便依靠弹簧的拉力恢复到原始状态，叶片恢复旋转状态。针对使用于相对密度相差较大的物料，可调整弹簧拉力，相对密度大时弹簧拉力调整至最强，反之则调整至最弱。

（2）效果

太原东二环高速公路路基项目部应用该技术的标段全长 6km，位于晋中市寿阳县平头镇境内，全线混凝土用量是 16 万 m³，水泥用量共计 64000t，加快了施工进度，能够保证散装水泥装卸速度，同时提高了环保效果，节约了水泥，降低了成本，促进了绿色施工技术的发展。该技术将有效防止水泥打入水泥罐体中出现的粉尘污染，对环境保护起到了巨大的作用，同时节约了水泥，降低了成本。对拌合站周边工作人员的职业健康起到了保护措施。相关施工照片如图 4-38、图 4-39 所示。

图 4-38　拌合站内部图　　　　　　　图 4-39　拌合站外部图

3. 预制 T 梁钢筋整体入模施工技术

（1）原理

使用数控弯曲机进行钢筋下料和加工，利用胎具进行钢筋绑扎及安装，降低了人工操作的误差，提高了钢筋骨架的加工精度和工效。采用吊装桁架整体起吊钢筋骨架，并通过多点吊钩设计，减少钢筋骨架吊装变形，提高其就位精度，减少了保护层垫块的就位损伤，有效控制了钢筋保护层厚度。使用胎具加工钢筋骨架整体吊装入模，减少了钢筋骨架安装中对梁板底模的污染，提升了梁板预制底板的外观质量。钢筋绑扎及安装可进行规模化生产，消除了常规工艺中钢筋绑扎及安装工程进度受梁板预制底座数量限制的影响，使钢筋绑扎及安装与模板安装由普通工艺中流水作业转化为平行作业，从而提高了梁板预制工程进度。

（2）效果

该技术成功应用于太原东二环高速公路桥梁。项目部全线设 1088m 特大桥一座、1120m 特大桥五座，共计预制 40m 预应力 T 梁 387 片、30m 预应力 T 梁 577 片，合计 964 片。全桥 T 梁均采用此施工方法施工。此工法加工的钢骨架直顺，质量满足相关要求，且提高了 T 梁钢筋绑扎施工效率，加快了 T 梁施工进度，平均每天完成 3 片 T 梁制作，保证了桩基施工工质量，获得了参建各方的一致好评。该施工工法操作简单，施工精度高，制作效率高，经济效益显著；安全可靠，资源浪费少，绿色环保，对丰富桥梁 T 梁集中制作工艺、开发 T 梁施工新技术具有重要意义。相关施工照片如图 4-40、图 4-41 所示。

图 4-40　顶板钢筋胎架图

图 4-41　腹板钢筋整体组装图

4.涵洞墙身整体液压模板支护技术

（1）原理

液压式整体组合移动模板系统主要是由桁架系统、液压系统、模板系统和行走系统四部分组成,该组合模板系统能够实现 X、Y、Z 方向位移,可加快立模拆模速度、减少人工、确保外观质量。

（2）效果

太原东二环高速公路路基项目部应用该技术的标段全长 6km,位于晋中市寿阳县平头镇境内,全线涵洞 23 道,该工程通过采用该技术,加快了施工进度、节约了人工成本、提高了涵洞外观质量、保证了品质工程的实施。该技术将以往的钢模板与竹胶板人工拼装转为液压式整体组合移动模板施工,节约了模板工的人工成本,减少了模板的安装与拆卸时间,并提高了外观质量,减少了现场施工产生的建筑垃圾,满足了品质工程的要求,为今后的涵洞施工提供了可靠的决策依据和技术指标。相关施工照片如图 4-42、图 4-43 所示。

图 4-42　涵洞现场施工图

图 4-43　涵洞内部施工图

5.钢筋笼滚焊机施工技术

（1）原理

该工法集主筋定位、盘圆调直、箍筋缠绕及二氧化碳保护焊、整体成型于一体,数控操作。钢筋笼的主筋通过人工穿过固定旋转盘相应模板圆孔至移动旋转盘的相应孔中进行固定,把盘筋（绕筋）端头先焊接在一根主筋上,然后通过固定旋转盘及移动旋转盘转动把绕筋缠绕在主筋上（移动盘是一边旋转一边后移），同时进行焊接，从而形成产品钢筋笼。

（2）效果

传统工法制作钢筋笼尺寸误差偏大；钢筋缠绕不紧，钢筋笼整体松散；内加强筋焊接产生热变形，从而导致钢筋笼变形；特别是10mm以上绕筋较密时，人工更难保证质量。相同条件下，滚焊机制作钢筋笼是传统制作产量的3~4倍；相同任务量时，滚焊机制作可节省人工3/4；滚焊机制作钢筋笼间距均匀，精度高；机械旋转，盘筋与主筋缠绕紧密；先成型后加内加强筋，确保钢筋笼同心度。相关施工照片如图4-44、图4-45所示。

图4-44　钢筋拱焊机图

图4-45　加工桩基钢筋笼图

6. 预制梁模块化钢底座

（1）原理

针对传统的钢筋混凝土底座，一方面工程量大，施工时间长，并且制造成本高，另一方面钢筋混凝土底座无法调节长度，设计了一种预制梁模块化钢底座。预制梁是采用工厂预制，再运至施工现场，然后按设计要求位置进行安装固定的预制梁。

（2）效果

只需将若干工字钢连接在底板上方，再将顶板扣接并连接在工字钢上方即可。根据不同长度的预制梁选用相应数量的工字钢与顶板制作相应长度的预制梁底座，并且可以拆卸，重复利用，从而节约了成本。预制梁模块化钢底座结构示意图如图 4-46 所示；底板结构示意图如图 4-47 所示；工字钢结构示意图如图 4-48 所示；顶板结构示意图如图 4-49 所示。

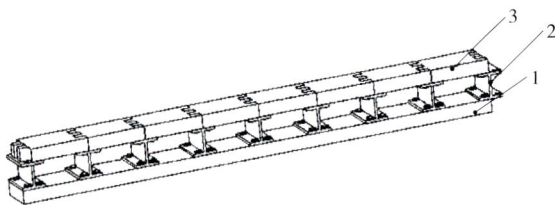

图 4-46　预制梁模块化钢底座结构示意图

1—底板；2—工字钢；3—顶板

图 4-47　底板结构示意图

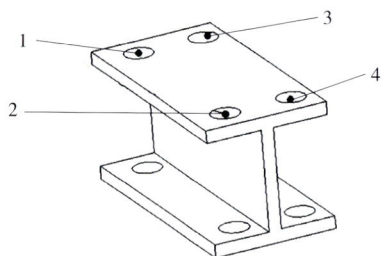

图 4-48　工字钢结构示意图

1—第一通孔；2—第二通孔；3—第三通孔；4—第四通孔

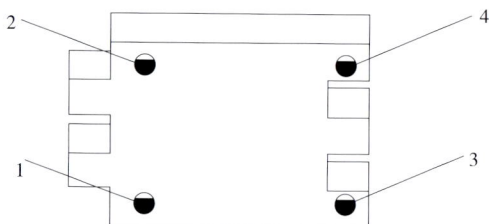

图 4-49　顶板结构示意图

1—第一螺纹孔；2—第二螺纹孔；3—第三螺纹孔；4—第四螺纹孔

7.钢筋锥套筒连接件

（1）原理

该技术采用一种钢筋锥套筒连接件，包括锥套筒、锥套片和两个圆套筒，两个被连接钢筋分别插接于锥套筒锥套件的盲孔内，其中锥套筒锥套件外壁的锥度与锥套片外壁的锥度相等，因此圆套筒锥孔的锥度与锥套筒锥套件外壁的锥度相匹配。

（2）效果

该技术结构简单、可获得性高、操作简便、连接安全有效、连接效果稳定。本成果锥套筒结构示意图如图4-50所示；锥套片结构示意图如图4-51所示；锥套筒与锥套片安装示意图如图4-52所示；圆套筒未受力挤压紧固应用实例示意图如图4-53所示；圆套筒受力挤压紧固应用实例示意图如图4-54所示。

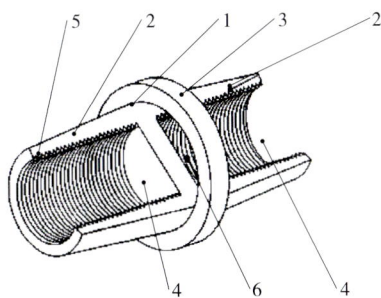

图4-50　锥套筒结构示意图

1—锥套筒；2—锥套件；3—连接件；4—盲孔；5—第一锯齿牙；6—第一通孔

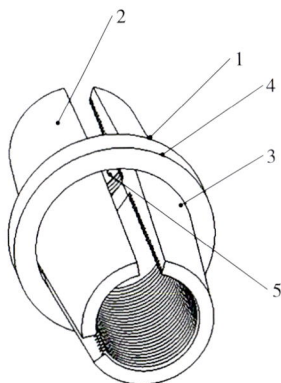

图4-51　锥套片结构示意图

1—锥套筒；2—锥套片；3—锥套件；4—连接件；5—第一通孔

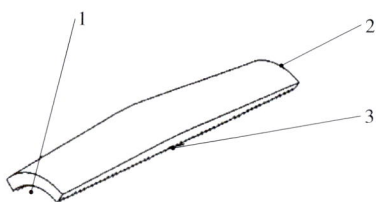

图 4-52　锥套筒与锥套片安装示意图

1—锥套筒；2—锥套片；3—第二锯齿牙

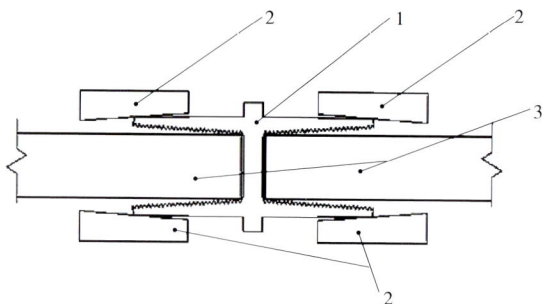

图 4-53　圆套筒未受力挤压紧固应用实例示意图

1—锥套筒；2—圆套筒；3—被连接钢筋

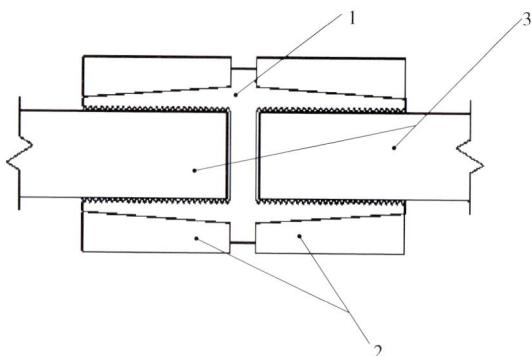

图 4-54　圆套筒受力挤压紧固应用实例示意图

1—锥套筒；2—圆套筒；3—被连接钢筋

8. 钢构桥桥面调平机构

（1）原理

钢构桥桥面调平机构，包括基准钢板、被调平钢板、千斤顶和固定于被调平钢板上的调平装置，其中固定板的第一竖板上设有两个平行于钢板走向的通孔，两个通孔圆心位于同一高度，支座竖杆的底端设有两个平行于钢板走向的通孔，两个通孔圆心也位于同一高度，两个固定板的通孔与支座的通孔通过双头螺栓连接，实现钢构桥桥面的调平。

（2）效果

钢构桥桥面调平机构结构简单、使用方便、可获得性高。该调平装置采用固定板与支座分体式、可拆卸的结构，由此可见其可重复利用、应用范围广、节约了成本。钢构桥桥面调平机构结构示意图如图4-55所示；支座结构示意图如图4-56所示。

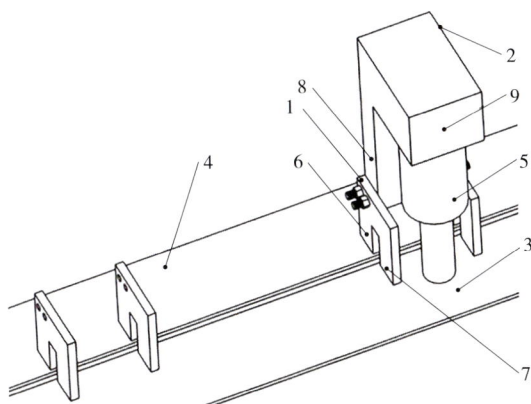

图4-55　钢构桥桥面调平机构结构示意图

1—固定板；2—支座；3—基准钢板；4—被调平钢板；5—千斤顶；6—第一竖板；7—第二竖板；
8—竖杆；9—横杆

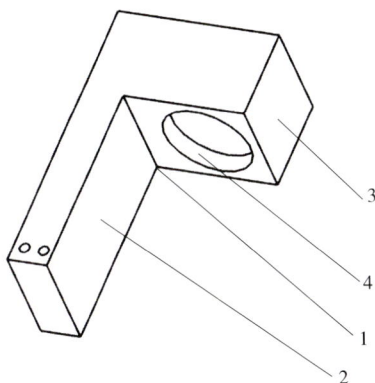

图4-56　支座结构示意图

1—支座；2—竖杆；3—横杆；4—凹槽

9.黄土冲沟桥涵设置

（1）原理

黄土冲沟桥涵设置研究依托太原东二环高速公路进行，探究黄土冲沟地区涵洞地基处理方案，通过研究黄土冲沟地区在役桥梁和涵洞（含路基）的管理运营养护问题，分析黄土冲沟路段涵洞设置的影响因素，并确定各影响因素的权值，基于研究结论提出合理的涵洞设计方案、减荷措施及结构选型原则。

（2）效果

1）由于土拱效应的存在，使得拱涵涵顶的土压力大于涵顶上方土的自重应力。而涵顶过大的土压力会导致涵洞的失稳与破坏，造成不可估量的经济损失和安全事故。

2）"U"形和"V"形高填拱涵土压力分布有共同的特征：涵顶土压力大于γH；最大土压力出现在拱脚底部；最小土压力出现在涵洞正下方；从涵顶沿着涵洞一直到拱涵底部，土压力先增大后减小。

3）存在起拱效应，且V形比U形拱涵成拱效应更加明显。

4）涵顶土压力系数随着拱涵填土高度的增加而先变大到一个峰值然后减小。

4.3.2　微创新成果

微创新与技术创新不同，它强调对技术的应用，而不强调一定要在技术上有重大突破，重视在产品技术、服务、工艺（流程）等一个或几个方面进行改进，或者从目前市场尚未挖掘的需求方面进行微小创新，从而产生新的产品特性或发掘出新的潜在需求。在新常态下，"中高速、优结构、新动力、多挑战"成为主要特征，微创新正是基于市场需求、坚持产业化导向，努力跨越技术与市场的鸿沟。太原东二环高速公路微创新成果主要包括设备创新、材料创新和工艺创新。

1.设备创新

（1）移动式T梁养护、暖棚养护

1）原理

T梁养护过程中，由于暖棚自重较大，移动困难，经过研究试验，对暖棚进行改进，加装移动小轮。

2）效果

养护棚增加小轮，方便养护棚移动操作，提高现场 T 梁养护效率，确保 T 梁施工质量。相关施工照片如图 4-57、图 4-58 所示。

图 4-57　移动式 T 梁养护、暖棚养护图

图 4-58　养护棚小轮图

（2）装配式 T 梁台座

1）原理

一种钢结构装配式制梁台座，包括混凝土浇筑而成的台座基础，台座基础上固定安装有工字钢，工字钢长度方向垂直于预制梁体的长度方向，工字钢有多个且沿预制梁体的长度方向间隔布置，工字钢的上表面固定设置底模钢板。

2）效果

装配式 T 梁台座施工到投入使用时间短，约一天时间即可投入使用，传统的制梁台座需要经过台座钢筋骨架施工、埋设预埋件、焊接槽钢、立模打灰、铺设底模等工序，施工较繁琐，施工周期较长，从开始施工到正式使用需要一周时间，此台座用工字钢和底模钢板制成，可回收利用，节约了施工成本，减少了浪费和对环境的破坏。相关施工照片如图 4-59、图 4-60 所示。

（3）钢筋网片自加工技术

1）原理

桥面铺装钢筋网片采用厂区机械化集中加工，体现了工厂化统一作业，加工后采用桁架式三脚架整体吊装施工。

2）效果

采用网片机自行加工桥面网片，避免了施工中钢筋搭接较多的浪费现象，与原

图 4-59　装配式梁台座图

图 4-60　装配式 T 梁台座图

购买网片相比，厂区机械化集中加工网片可使施工成本降低约 17%；使用桁架式三脚架进行钢筋网片吊装，减少了网片变形，提高了施工机械化程度，减少了劳动力，提高了工作效率。相关施工照片如图 4-61、图 4-62 所示。

图 4-61　钢筋网片加工图

图 4-62　三脚架整体吊装钢筋网片图

（4）桥梁防撞墙支模台车安装防撞墙模板技术

1）原理

桥梁防撞墙原有工艺为人工配合吊车进行模板安装，施工进度慢、人工投入多，且工作效率低，在太原东二环高速公路的施工中采用防撞墙模板支模台车进行模板安装、固定工作。

2）效果

使用防撞墙支模台车进行模板安装与固定工作，可以提高工作效率、加快施工进度、减少人员的投入，与原人工配合吊车施工相比，可节约 46% 的费用。相关施工照片如图 4-63、图 4-64 所示。

图4-63 防撞墙模板安装台车图

图4-64 防撞墙模板安装图

（5）钻芯机钻芯废水收集装置

1）原理

此设备能给钻头降温的冷却水到达钻头端部的时候被罩在密封圈套内，然后通过密封圈套开设的通孔及通孔连接的导流管导流至容器中。

2）效果

阻挡了冷凝水飞溅到操作者、墙面或地面，保证了操作者以及作业场所的清洁。相关施工照片如图4-65、图4-66所示。

图4-65 钻芯机废水收集

图4-66 钻芯机废水收集装置图

（6）小型预制块脱模装置

1）原理

小型预制块原脱模为人工脱模，费力且速度慢，人工投入多，在预制场施工中采用脱模器进行施工。

2）效果

采用小型预制块脱模器，加快了脱模的速度，减少了人员的投入，提高了生产效率。与原脱模施工相比，可节约 20% 的费用。相关施工照片如图 4-67 所示。

2. 材料创新

（1）热熔伸缩管连接波纹管新材料的应用

1）原理

图 4-67　小型构件脱模装置图

波纹管的连接采用新型热熔伸缩管材料，代替以往使用胶带缠绕的施工方法，在穿束波纹管前先进行两个波纹管接头的连接，将配置的热风枪加热，两个接头和伸缩管完全粘合，成为一个整体。

2）效果

使用热熔伸缩管连接波纹管代替原有的胶带施工，提高了波纹管连接质量，且波纹管整体连接更加密实紧凑。相关施工照片如图 4-68、图 4-69 所示。

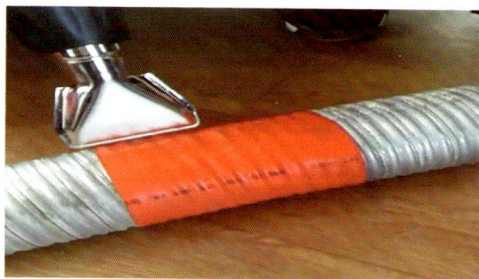

图 4-68　热熔伸缩管连接波纹管图

图 4-69　热熔伸缩材料图

（2）采用镀锌波形护栏代替传统混凝土料池隔墙

1）原理

拌合站料仓建设由以往的现浇混凝土改为热镀锌两波波形护栏，是以波纹状钢护栏板相互拼接并由立柱支撑的连续结构，波形护栏立柱与护栏板采用托架式连接。

2）效果

与以往的现浇混凝土隔墙相比，其占用面积小、安装简便快捷、绿色环保，且周转次数多，造价成本仅为混凝土隔墙费用的 1/5。相关施工照片如图 4-70、图 4-71 所示。

图 4-70　镀锌波形护栏施工图

图 4-71　成型护栏图

3. 工艺创新

（1）横隔板钢筋模具二次封堵

1）原理

在 T 梁横隔板底部设有横隔板连接预埋钢筋，该部位混凝土保护层相对薄弱，且容易发生漏浆。在横隔板端部预埋的粗钢筋处，使用止浆胶垫及钢板进行二次封堵。

2）效果

将该部位模板扩大预留孔，采用止浆垫及钢板二次封堵，有效地解决了该部位混凝土在拆模中的破损及水泥浆的漏浆，降低了拆模难度，提高了拆模工作效率。相关施工照片如图 4-72、图 4-73 所示。

图 4-72　钢筋模具二次封堵图一

图 4-73　钢筋模具二次封堵图二

（2）钢筋导向套

1）原理

使用导向套穿 T 梁骨架直线钢筋。

2）效果

在 T 梁钢筋拼装中，由于纵向横向钢筋较多，使用钢筋导向套便于一根或多根直线钢筋在穿线时合理有效地避绕其他钢筋的干扰，使钢筋准确到位，提高生产率。相关施工照片如图 4-74、图 4-75 所示。

图 4-74　钢筋导向套图一

图 4-75　钢筋导向套图二

（3）预应力钢束穿线头

1）原理

在预应力钢绞线制作穿线时使用钢绞线穿线头。

2）效果

预应力钢束的制作中，在钢绞线前端使用穿线头防止钢绞线松散，同时在穿线中有效避绕预应力管道内的障碍物。相关施工照片如图 4-76、图 4-77 所示。

（4）钢筋长度控制器

1）原理

在钢筋骨架及主筋焊接台末端设置长度控制器。

2）效果

在钢筋骨架拼装台以及钢筋焊接台末端设置长度控制器，完善了模架功能，有效地控制了骨架及钢筋的长度，降低了骨架及钢筋长度的误差。相关施工照片如图 4-78 所示。

图 4-76　预应力钢束穿线头图一

图 4-77　预应力钢束穿线头图二

图 4-78　钢筋长度控制器图

（5）预应力管道盖

1）原理

在 T 梁构件混凝土浇筑完成后，在预应力管道的孔口设置管口盖。

2）效果

在预应力管道端部加盖管口盖，有效地防止了混凝土构件在养护过程中养护水的灌入及杂物的掉入，使预应力管道保持在干燥整洁的状态。相关施工照片如图 4-79、图 4-80 所示。

图 4-79　预应力管道盖图一

图 4-80　预应力管道盖图二

（6）T 梁倒角预设

1）原理

T 梁梁端模型底板部设置三角形调整条，使 T 梁构件梁底部形成倒三角。

2）效果

在 T 梁构件梁端底部形成倒三角，增加了混凝土有效接触面，解决了 T 梁在预应力施加过程中，由于梁体内力学性能变化引起的梁端位移及局部混凝土承压超出现有承受能力导致的构件局部破损。相关施工照片如图 4-81、图 4-82 所示。

图 4-81　T 梁倒角预设图一

图 4-82　T 梁倒角预设图二

（7）T 梁高压水枪凿毛

1）原理

在桥梁施工中采用高压水冲法凿毛方式对梁板凿毛。梁板浇筑拆模后，混凝土达到一定强度的情况下，采用高压水枪对梁板端部、翼板、横隔板、顶板等进行凿毛处理，凿除浮浆、露出碎石新表层。

2）效果

与以前手持式冲击钻凿毛相比，应用高压水枪凿毛新工艺，可提高工作效率，降低劳动力强度，在单片梁上可节约工作时间50%。相关施工照片如图4-83、图4-84所示。

图 4-83　高压水枪凿毛图

图 4-84　凿毛效果图

第三篇　建设品质公路

第 5 章　为服务需求增值——鹿泉山服务区设计

鹿泉山服务区项目依据国家政策和发展趋势，以交通＋旅游融合的方式进行开发建设，引领山西高速公路服务区高质量发展和交通旅游创新，在推动服务区融入地方经济发展方面展现了良好的示范效应，促进了区域经济的快速发展。

5.1　交旅融合服务区概述

5.1.1　交旅融合服务区的概念

交旅融合是一种产业融合，关于交旅融合服务区的界定、内涵视角和观点不同。王慧娴（文献 [49]）认为高速公路交旅融合服务区的构建应当是围绕着旅游者的交通设计和交通服务体系，拓展交通设施的旅游功能；李博（文献 [50]）提出了将服务区打造为一个具有鲜明特点和地域性特色的服务于行人和车辆的高速公路服务设施；范延贺等（文献 [51]）也提出交旅融合服务区是结合地方特色，因地制宜地为游客提供休闲游憩场所等服务功能，是集"高速＋生态休闲＋度假购物＋自驾车营地"为一体的复合功能型服务区。

作为旅游公路服务的重要窗口，交旅融合服务区拥有自己的独特之处。党高峰等（文献 [52]）、黄德欢（文献 [53]）通过对湖北大冶服务区及花山服务区进行研究，认为交旅融合的服务区在保有传统的餐饮、加油、车辆维修等基本服务区功能的同时，还具有商业服务、旅游宣传和文化传播等功能，能使游客体验到"思想之旅、认识之旅、探险之旅、科普之旅"，满足游客求知、求新、求奇、求趣的需求；

Wang D（文献 [54]）认为交旅融合的服务区更加重视游客的精神需求，具有强烈归属感的"旅游主义者"环境。国家相关部门应当加强顶层设计，支持更多服务区拓展旅游功能，因地制宜建设交旅融合服务区。

本书认为交旅融合服务区是具有交通、生态、旅游、消费等复合功能型，满足公众多样化、高品质服务需求，拥有浓郁地方特色和文化特色的主题服务区。交旅融合服务区建设应围绕满足旅客日益增长的交通和旅游需求，充分将地域文化与服务区特色建设、业态拓展、商业模式进行糅合，逐步完成"从停车区到商业街区、从通过点到旅游景点、从加油站到文化休闲驿站"的新跨越，将全域旅游理念融入服务区设计，体现服务区设计人性化与地域优势特点。

5.1.2　交旅融合服务区的主题特色

服务区的主题要表现服务区所在地的特色文化，每一个服务区都要凸显出不同的特色和明显的识别性。高速公路服务区是客流的集聚地，具有天然的窗口平台优势和点状区位优势。服务区主题化建设是先设定一个特有的主题，并沿着这个主题塑造服务区内所有的景观环境、建筑形式、娱乐设施、道路交通设施以及其他辅助设施等，使服务区成为具有鲜明特色、统一风格、运作有序的高速公路服务设施，改善千篇一律的单调面貌和单一业态，充分发挥服务区的文化和经济价值。

服务区的主题选择分为三种模式：第一，挖掘与展现当地历史文化特色；第二，依托周边景区，与景区主题保持一致；第三，在以上两项优势均不明显的情况下，用旅游目的地打造思维，结合所在地自然资源、区位条件和客群特征，创新出一个特色主题（如重庆高速冷水服务区），建设成为一个颇具吸引力的旅游目的地，成为地域统筹发展的载体、全域旅游的带动点。

5.1.3　交旅融合服务区的三重价值

1. 成为展现地域特色文化的有力窗口

一方面，服务区可以发挥窗口功能，充分展示地域文化特色，让文化"走出去"。服务区的交通区位，使其成为当地与外界连接的窗口，展现地方经济文化和现代化水平，即使不是旅行目的地，很多过路的旅客也有可能路过旅行线上的各地服务区。因此，交旅融合服务区就像当地的一个门面，对于当地经济文化的展现价值不言而喻。另一方面，通过与地域文化、特色的结合，赋予服务区新的内涵，重构服务区外在形象，使其散发新的生机与活力，形成核心竞争力，吸引更多游客"走进来，留下来"。地方文化品牌对于游客具有直观的吸引力。在当下全民旅游、文旅融合的时代，无特色不旅游，打响地域文化品牌才能在竞争中脱颖而出，争取市场主动权。地方高速服务区，要借助服务区的交通区位优势，利用服务区电子屏、宣传栏、广告牌等进行区域文化传播；并尝试从当地文化提炼主题建设元素，对服务区景观、物品进行主题化的设计打造；同时，匹配相关的当地文化体验项目，丰富服务区对地方文化的展现方式，使服务区成为当地对外的展现窗口。

2. 配合周边著名景区，吸引和集散客流

处于著名旅游景区周边的服务区会因为景区吸引力获得极大的客流，同时也可能相较于景区的强光芒而显得黯淡。此种区位下，服务区可以延续周边景区主题，植入同一主题的商品和服务设施，增强主题的渲染，延长游客游览体验，更全面满足游客需求。同时，服务区可以借此区位，成为景区的入口，发挥景区游客集散地功能，承载和消化景区客流，为景区解决拥堵和混乱问题。

3. 自成旅游目的地，带动全域旅游发展

服务区主题化建设可以与当地旅游发展相结合。旅游型服务区的建设应当按照一个旅游项目的标准和基本思路进行建设，基本上要遵循昂普（RMP）分析理论。首先，要对该服务区所辐射区域的旅游资源进行分析；其次，要在资源分析基础上，明确此旅游型服务区的发展定位，甚至提出一些宣传口号；在此基础上进一步开展旅游型服务区产品设计和打造，并拓展其功能。在考察当地自然资源、产业优势、区位条件、客群的基础上，可以针对其中的某一项优势，发展特色产业，提炼服务区建设主题。对于太原东二环高速公路鹿泉山服务区，其主题提炼，要结合地方资源特色、区位、客源，像旅游目的地规划一样，找准地方产业、资源、市场优势，从无到有打造为特色主题旅游目的地，成为当地旅游发展的一个亮点，以此带动地区全域旅游发展，成为区域统筹发展的载体。鹿泉山服务区近期以"主题特色，功能型服务"为发展重点；中远期以"整合联动，综合性产业"为发展方向。

5.1.4 交旅融合服务区的运营模式

1. 公司化管理模式

高速公路服务区公司化管理模式较为传统，是由高速公路的直接主管部门负责构建管理公司，以一种企业化的管理模式对服务区进行管理，管理系统且专业。

2. 承包经营管理模式

承包经营管理模式是高速公路公司对外进行招标投标，将服务区整体或经营项目承包出去，由承包单位自主经营，承包单位按合同缴纳承包金，但是服务区的卫生和形象考核以及收取租金的多少都是由高速公路的相关部门来负责，承包单位大多数是个体或民营企业。

3. 租赁型管理模式

租赁型管理模式主要是建设部门完成服务区的土地与基础设施后，高速公路管理部门将统一服务区的整体或者服务区经营范围中经营难度较大、专业化程度较高的项目对外出租，引入社会上的相关品牌公司进行经营，公司按合同约定缴纳租金。

4. 专业管理公司模式

专业管理公司模式是将连锁经营的思路引入服务区管理中，相关部门与专业的管理公司达成一个合作共赢的协议，由管理公司对服务区进行全面的考察与评价，针对服务区的地区特征对整体经营方向进行战略性规划，借助于连锁的经验与区域特征，实施系统化的培训与管理模式，帮助其解决经营中存在的突出问题，提高整个服务区的管理与服务质量，树立良好的品牌形象，扩大品牌效应并以此保证运营质量的持续与稳步提高，从而保证服务区整体服务质量。

5.2 交旅融合服务区项目基本情况

5.2.1 鹿泉山服务区设计概况

太原东二环高速公路新建服务区定名为"鹿泉山服务区"。鹿泉山服务区立意打造成为"花园型、集聚型、带动型"旅游主题服务区，成为联动周边商贸物流园区、乡村旅游聚落、苗圃基地各板块发展的金钥匙，成为山西省首个"旅游目的地服务区"品牌，创建成为"中国旅游目的地服务区"。

鹿泉山服务区建设地点在山西省晋中市，总用地面积 314000㎡（合 471.0 亩），规划总用地面积 314000㎡（合 471.0 亩），建筑物总建筑面积 20630㎡，以太原东二环高速公路为界分为东区、西区两部分。东区总用地面积 274667㎡（合 412 亩），建筑物总建筑面积 19200㎡。东区包括综合楼 16570㎡、汽修车间 300㎡、附属用房 530㎡、办公宿舍楼 1800㎡。西区总用地面积 39333㎡（合 59 亩），建筑物总建筑面积 1430㎡。西区包括综合楼 600㎡、汽修车间 300㎡、附属用房 530㎡。拟新征用地 471 亩，总建筑面积 20630㎡，建设期限 24 个月。项目总投资 65397 万元，其中固定资产投资 62397 万元，铺底流动资金 3000 万元。

5.2.2　主题定位与品牌形象

1. 主题定位

高速服务区除了提供加油、如厕、餐饮等基础服务外，作为封闭的高速公路上唯一的休息站，对缓解司乘人员疲劳、放松人们心情、保证高速公路行车安全有着举足轻重的作用。目前，服务区外观千篇一律，缺乏自身特色和辨识度，只注重基础功能性服务，忽视了景观的营造和业态的运营，服务区的区位优势和多元功能未能得到充分的发挥。主题对于服务区发展起着十分重要的作用。主题，可以统领服务区建设、景观设计的整体思路、方向及规划，并对于服务区内产业布局、业态构建起到举足轻重的作用，帮助服务区实现景观提升和业态升级。通过主题化建设，服务区将充分发挥对地域文化的展示、经济社会的带动作用。主题化建设将是服务区未来的趋势所在。鹿泉山服务区采用旅游主题服务区的形式打造"高速公路旅游服务区"，根据挖掘与展现当地历史文化特色、与周边景区主题保持一致、打造旅游目的地三种主题选择模式，来进行服务区的主题选择。

（1）文化主题：福寿文化。鹿泉山服务区以"福地文化"和"寿星文化"来提升旅游服务区品位，从开发理念、规划设计、业态产品、服务管理等多方面深化和"福寿文化 + 旅游 + 服务区"的融合，是旅游服务区开发理念的一大飞跃。鹿泉山服务区以"服务区 + 旅游"的创新举措，扩宽服务区单一经营，是全国乃至全世界首创集高速公路服务功能、旅游、休闲、住宿、会议于一体的综合型服务区。同时，鹿泉山服务区还将此文化主题作为窗口来推广和弘扬中国福寿文化，从而有效促进"服务区＋旅游"高度融合发展，更加突显旅游主题服务区的文化元素。

（2）发展定位："福寿文化"主题的中国旅游目的地服务区。创新打造主题型、花园型、集聚型、带动型旅游服务区，联动各板块发展的金钥匙，着力建设山西省首个"旅游目的地服务区"品牌，创建"中国旅游目的地服务区"。

2. 品牌形象

鹿泉山服务区品牌形象定位为：心田福地，美好交汇。

（1）心田先祖种，福地后人耕：对于山西路桥集团、开发者、运营者，在这块土地上，用心耕耘，尽心耕田，传承文化，续写新篇，百年项目、造福后人；对于旅游者、商贸物流人流，滋养"心田"，祈福昌荣。

（2）中国长寿之乡，寿阳福地，有福之地，祈福之地。

（3）"美好生活"是时代主题，是人民梦想。项目地创造美好、游人感受美好。

（4）"交"绘：因交通而起，因交通而兴，绘就美好蓝图，让美好在你我之间"交通"。

（5）"交"会：物流、商流、信息流、资金流、人流、客流在此交会。

（6）"交"汇：太原、晋中、阳泉，三市商贸交汇、客流交汇的枢纽、平台。

5.3 服务区建设需求分析

5.3.1 服务区建设现实与发展需要

1. 现实需要

服务区是高速公路重要的配套基础设施，是客流、物流、车流的补给站与中继站。鹿泉山服务区良好的规划建设不仅能满足过往客流车流的多种需求，还能改善和提高高速公路安全，提供舒适、休闲、旅游等升级服务。太原东二环高速公路凌井店至龙白段（东环）通车在即，按照规划设计与车流量需求，预计到2023年日交通量预测为30265辆（单位：pcu/d）；到2030年日交通量预测为40104辆（单位：pcu/d）；到2040年日交通量预测为54512辆（单位：pcu/d）；到2050年日交通量预测为 58826 辆（单位：pcu/d）；有配套服务区的现实需要。

2. 发展需要

随着经济发展、自驾游出行比例的提高，自驾游市场需求增长、交旅产品创新猛增。原有高速服务区无论从建设规模、功能分布还是景观环境等方面都无法满足人们多样化、高品质的需求，服务区亟待提质升级。2017 年交通运输部、国家旅游局等六部门联合印发《关于促进交通运输与旅游融合发展的若干意见》，提出构建"快进慢游"的旅游交通网络，改善旅游交通服务，推动高速公路服务区向交通、生态、旅游、消费等复合功能型服务区转型升级，建成一批特色主题服务区。2018年《国务院办公厅关于促进全域旅游发展的指导意见》，进一步强调了服务区发展与全域旅游融合，推动高速公路服务区要向集交通、旅游、生态等服务于一体的复合型服务场所转型升级。在市场和政策的双向推动下，将"主题"元素融入服务区建设，发展主题型服务区成为一个必然的发展趋势。

5.3.2 服务区项目市场需求

1. 交通量预测

本项目土地使用年限为 40 年，交通量预测年限为 40 年（建设期 2 年 + 运营期 38 年），项目交通量预测至 2060 年。根据太原东二环高速公路建设经营移交协议，东二环高速公路收费期为 22 年，预计收费截止到 2043 年，如果高速公路停止收费后，通行费用的减少也会吸引部分旅客，本次预测忽略该因素。

根据经济发展预测、特征年路网变化，本项目特征年定为 2023 年、2025 年、2030 年、2035 年、2040 年、2045 年、2050 年、2055 年、2060 年。中间年份按平均增长率内插。项目特征年交通量预测值见表 5–1。项目全线平均分车型交通量预测值见表 5–2。

项目特征年交通量预测值表（单位：pcu/d）　　　　表5–1

特征年	2023 年	2025 年	2030 年	2035 年	2040 年	2045 年	2050 年	2055 年	2060 年
合计	30265	33441	40104	46037	54512	56770	58826	60380	61643

项目全线平均分车型交通量预测值表　　　　　　表5-2

交通量	小客		大客		货车				合计	折算数（pcu/d）
	第一类	第二类	第三类	第四类	小型	中型	大型	拖挂		
2023年	2725	2128	464	731	653	754	2330	4003	13787	30265
2024年	2886	2258	500	779	686	790	2451	4198	14548	31853
2025年	3046	2388	536	827	719	827	2572	4393	15308	33441
2026年	3179	2494	565	876	742	857	2663	4564	15939	34774
2027年	3312	2600	595	924	764	887	2754	4734	16571	36106
2028年	3445	2706	624	973	786	918	2846	4904	17202	37439
2029年	3578	2811	654	1022	809	948	2937	5074	17833	38771
2030年	3711	2917	683	1071	831	979	3028	5244	18464	40104
2031年	3835	3009	712	1116	839	999	3106	5401	19016	41291
2032年	3959	3100	741	1160	847	1020	3184	5557	19568	42477
2033年	4082	3192	770	1205	854	1041	3262	5714	20121	43664
2034年	4206	3283	799	1250	862	1062	3339	5871	20673	44850
2035年	4330	3375	828	1295	870	1082	3417	6028	21225	46037
2036年	4702	3661	904	1407	901	1154	3657	6482	22868	49534
2037年	5074	3946	980	1520	931	1226	3897	6937	24511	53030
2038年	5147	3998	1000	1562	933	1222	3940	6980	24782	53524
2039年	5220	4051	1019	1604	935	1219	3984	7023	25054	54018
2040年	5293	4103	1038	1646	937	1216	4027	7066	25325	54512
2041年	5357	4151	1069	1677	930	1211	4037	7125	25556	54964
2042年	5421	4199	1100	1708	922	1206	4047	7184	25786	55415
2043年	5485	4247	1130	1739	915	1201	4057	7243	26017	55867
2044年	5549	4295	1161	1770	908	1196	4067	7302	26248	56318
2045年	5613	4342	1192	1801	900	1192	4078	7361	26478	56770
2046年	5672	4401	1213	1832	897	1185	4096	7407	26702	57181
2047年	5730	4460	1234	1864	893	1179	4114	7452	26926	57592
2048年	5789	4519	1255	1896	890	1172	4131	7498	27150	58003
2049年	5848	4578	1276	1928	887	1166	4149	7544	27374	58415
2050年	5906	4637	1297	1959	883	1159	4167	7590	27598	58826
2051年	5972	4694	1318	1991	884	1151	4181	7611	27802	59137
2052年	6039	4751	1339	2023	885	1142	4194	7633	28005	59447
2053年	6105	4808	1360	2054	886	1133	4208	7654	28209	59758

续表

交通量	小客		大客		货车				合计	折算数
	第一类	第二类	第三类	第四类	小型	中型	大型	拖挂		（pcu/d）
2054 年	6172	4865	1381	2086	886	1125	4222	7676	28413	60069
2055 年	6238	4922	1402	2118	887	1116	4235	7698	28616	60380
2056 年	6310	4997	1429	2144	881	1100	4240	7709	28810	60633
2057 年	6382	5072	1457	2170	875	1084	4245	7719	29004	60885
2058 年	6454	5146	1484	2196	870	1068	4250	7730	29198	61138
2059 年	6526	5221	1511	2222	864	1052	4255	7741	29392	61391
2060 年	6598	5296	1538	2249	858	1036	4260	7752	29587	61643

2. 接待量预测

由于项目自身的特殊性，服务区（鹿泉山服务区）接待量等于由高速公路进入服务区的人数加上周边苗圃基地等项目进来的接待人数。

（1）确定高速公路进入服务区的人数

高速公路进入服务区的人数可依据进入服务区的车辆和停留率计算，其中，

停留率 = 进入服务区的停留车辆数（辆 / 日）/ 主线交通量（辆 / 日）　　（5-1）

参照《交通工程手册》，一般服务区的停车率为 15%。考虑到鹿泉山服务区的驿站功能，以及 2025 年将建成的交通物流园区和苗圃基地，随着经济的增长，进入服务区的车辆会越来越多。故鹿泉山服务区的停车率考虑如下：2023—2025 年为 18%；2026—2030 年为 21%；2031—2045 年为 23%；2046—2060 年为 25%。

进入服务区的车辆其进入目的各不相同，包括餐饮、如厕、购物、加油、休息等。进入服务消费的人数需要用消费率来计算：

消费率 = 需要消费的人数 / 进入服务区的总人数　　（5-2）

根据调查及太原东二环高速公路的特点，消费率按如下考虑：2023—2025 年为 20%；2026—2030 年为 25%；2031—2045 年为 28%；2046—2060 年为 30%。

本次测算小客车按 4 人 / 车、大客车按 30 人 / 车、货车按 2 人 / 车计算人数。可得出由高速公路进入服务区进行消费的人数。

（2）确定周边苗圃基地等项目进来的接待人数

1）预测依据

依据1：服务区自带吸引力，以及周边苗圃基地建成后的吸引力；并考虑到项目的品质化建设、品牌化运营及周边联动的交通物流园、乡村旅游聚落、苗圃基地板块所吸附的旅游者。

依据2：结合苗圃基地建设期，苗圃基地2025年建成运营后，苗圃基地建成后会增加本区域的客源吸引力，也会提升高速公路车流量的停留率。

依据3：依据人口基数渗透率、周边城市旅游接待量增长率、旅游地生命周期理论，结合新建综合型服务区类比分析以及专家咨询预测法。

依据4：根据智研咨询发布的《2017—2023年中国旅游市场深度分析及投资前景研究报告》，人均GDP达到10000美元，旅游人均消费700~800元，城市人口出游率为100%~180%（不同级别城市）。

依据5：参考晋中市近5年旅游接待量增长率并折算（《晋中市2015—2019年国民经济和社会发展统计公报》），见表5-3。

晋中市近5年旅游接待统计表　　　　　　　表5-3

年份	2015年	2016年	2017年	2018年	2019年
游客量（万人次）	5039.56	6357.8	7952.09	9815.6	11621
游客量增长率（%）	25.24	26.2	25.08	23.4	18.4
旅游总收入（亿元）	513.37	658.2	823.72	1013.9	1188.29
旅游人均消费（元）	1019	1035	1035	1033	1022

2）预测方法

旅游客流接待量预测公式如下所示：

$$Qtur_i = Qtur_{i-1} \times Gw_i \qquad (5-3)$$

式中：$Qtur_i$——第i年旅游客流接待量；

$Qtur_{i-1}$——第$i-1$年旅游客流接待量；

Gw_i——第i年增长率。

依据旅游生命周期理论，结合项目建设期，建成后近三年 Gw_i 增长率约为 12%~18%，取中间值 15%；根据项目完善及周边项目运营情况，旅游人次增长率将有大约五年的大幅增长，Gw_i 增长率约为 12%~25%，随后逐步降低。根据人口基数渗透率、同类旅游区运营经验，以及太原东二环高速公路建设标准和影响力，首年预估游客接待人次可达 8 万人次。

3）预测结果

截至 2060 年，预测结果如下：

到 2030 年末，年旅游接待人次达到约 27 万人次；

到 2040 年末，年旅游接待人次达到约 63 万人次；

到 2050 年末，年旅游接待人次达到约 88 万人次；

到 2060 年末，年旅游接待人次达到约 107 万人次。

进入服务区车辆数和消费人数预测见表 5-4。

从交通量和接待量的预测结果可以看出，太原东二环高速公路交旅融合服务区的建设可以很大程度上增加该高速公路未来 40 年的交通量、客流接待量及旅游总收入，具有较大的市场需求。

5.3.3　服务区建设优势

1. 盘活区域旅游价值，打造带动区域发展的引擎

（1）鹿泉山服务区是一个核心吸引物、集散中心

项目所在区域缺少一个能盘活整体旅游价值的核心吸引物。项目属地拥有丰富的旅游资源、社会经济资源，但尚没有得到高品质、高标准的开发和推广，缺少核心吸引物的带动。项目地已形成鹿泉山森林公园、乡村振兴特色村、福田寺、寿星广场、寿星文化馆、苗圃等较为显性和成熟的资源，但缺少一个能盘活整体旅游价值的核心吸引物，因此需要打造一个自带流量、具备大吸引力的复合型、综合型、旅游目的地型服务区，吸引游客、吸引过往车辆，成为这一区域旅游的集散中心、吸引中心，进而成为消费中心。

（2）鹿泉山服务区是一个进阶的跳板

从区域资源价值度的未来视角来看，这一区域未来极具利用价值、开发价值、

进入服务区车辆数和消费人数预测表

表5-4

	2023年	2024年	2025年	2026年	2027年	2028年	2029年	2030年	2031年	2032年	2033年	2034年	2035年
客车年流量 Qf客（万辆）	40	42	45	55	57	59	62	64	73	75	78	80	82
货车年流量 Qf货（万辆）	51	53	56	68	70	72	75	77	87	89	91	93	96
交通客流接待量 Qvh（万人）	93	99	105	160	168	175	183	190	242	250	259	267	276
游客增长率 Gw_i		15%	15%	25%	23%	20%	18%	16%	12%	10%	10%	10%	10%
旅游客流接待量 $Qtur$（万人次）	8	9	11	13	16	20	23	27	30	33	36	40	44
服务区总接待量 QTY（万人次）	101	108	116	173	184	195	206	217	272	283	295	307	320

	2036年	2037年	2038年	2039年	2040年	2041年	2042年	2043年	2044年	2045年	2046年	2047年	2048年
客车年流量 Qf客（万辆）	90	97	98	100	101	103	104	106	107	109	120	121	123
货车年流量 Qf货（万辆）	102	109	110	110	111	112	112	113	113	114	124	124	125
交通客流接待量 Qvh（万人）	299	322	328	334	340	346	351	357	363	368	435	441	447
游客增长率 Gw_i	8%	8%	8%	8%	6%	6%	6%	4%	4%	4%	2%	2%	2%
旅游客流接待量 $Qtur$（万人次）	47	51	55	60	63	67	71	74	77	80	81	83	85
服务区总接待量 QTY（万人次）	346	373	383	394	403	413	422	431	440	448	516	524	532

	2049年	2050年	2051年	2052年	2053年	2054年	2055年	2056年	2057年	2058年	2059年	2060年
客车年流量 Qf客（万辆）	124	126	128	129	131	132	134	136	138	139	141	143
货车年流量 Qf货（万辆）	125	126	126	126	127	127	127	127	127	127	127	127
交通客流接待量 Qvh（万人）	453	458	464	470	476	482	488	494	499	505	511	517
游客增长率 Gw_i	2%	2%	2%	2%	2%	2%	2%	2%	2%	2%	2%	2%
旅游客流接待量 $Qtur$（万人次）	86	88	90	92	94	95	97	99	101	103	105	107
服务区总接待量 QTY（万人次）	539	546	554	562	570	577	585	593	600	608	616	624

市场价值的资源是"福田寺、物流园"。既要立足现状资源，做活文化资源，又要看到未来的资源价值与资源增长点、机会点。近期将服务区建设作为核心引爆点，再整合带动"乡村旅游聚落、交通物流园"两大片区，最终将该区域打造成"超越交旅融合形态的、具有城镇发展潜力的，旅游、商贸、物流、文化相互融合，各板块相辅相成的复合型产业集聚区"。

2. 牵引山西路桥集团战略转型，成为山西路桥集团创收型"辅业新经济"

鹿泉山服务区是一台牵引机。一是牵引山西路桥集团战略转型、产业布局优化；二是牵引山西路桥集团业务效益提升，打造山西路桥集团创收新引擎。鹿泉山服务区项目是对交控集团发展战略转型的实践，也是在山西路桥集团明确主辅业后，对山西路桥集团"高速公路沿线资源开发经营"辅业的有力探索和支撑，是集团产业布局调整的重要抓手；助力集团转型升级，成为集团创新发展的样板示范项目。

3. "交、旅、文、商"融合创新，打造山西省交通旅游、高速路服务区创新标杆项目

鹿泉山服务区是产业集聚器，服务区域"卫星城"，是山西省交通旅游融合的唯一性、第一性的项目。"交、旅、文、商"是鹿泉山服务区所在片区的融合主体和产业方向。区域内交通物流园、乡村旅游聚落需要一个集散中心、引流中心，而服务区也需要腹地广阔的拓展空间、延伸空间。未来将通过"交通＋产业链"的发展思路，以鹿泉山服务区为中枢和核心，实现交通＋旅游、商贸、会展、物流、文化、服务、生态、乡村协同发展，实现现代服务、物流商贸、市场交易、会议会展、文化体验、乡村旅游等功能集合，发挥彼此抱团的更大价值和作用。

建设鹿泉山服务区是为山西省创建国家全域旅游示范省提供创新性产品和业态，是为晋中市创建全域旅游示范市提供重要载体和支撑，也是丰富晋中市"百里乡村振兴示范廊带"内涵和体验的重要提升。鹿泉山服务区的建成和运营，将成为山西省交通旅游创新的标杆旗舰项目，必将为山西省全域旅游发展和建设产生极大的示范和引领作用。

5.4 项目建设内容

5.4.1 片区分布

1. 空间结构

从整体统筹、协同发展的角度来看，鹿泉山服务区所在区域由旅游服务区、物流园区、乡村旅游聚落（黑水村、山底村、华南村+苗木基地）三个模块形态组成，约28km^2，需要统一规划、抱团发展，因此从空间与功能上要先理清彼此之间的关系和协作，以便更好地谋划鹿泉山服务区的发展。

旅游服务区即新建的鹿泉山服务区。黑水村、山底村、华南村为鹿泉山下三个生态古村落，具有巨大的乡村旅游、乡村度假市场潜力和开发价值。三个村是晋中市百里廊道建设的生态自然村，村中干净整洁、绿树成荫、民风淳朴，是旅游观光休闲的好去处。国家级文物保护单位"福田寺"坐落在黑水村西北，其浓厚的历史文化传承至今，是兼具生态产业和历史文化特色的传统古村落。

从整个片区来说：以鹿泉山服务区整合带动，以物流园特色作支撑，以山地乡村苗圃环境为背景，以福寿文化为灵魂，建设"鹿泉山服务区（旅游服务区）、商贸物流园、乡村旅游聚落"三大吸引中心（图5-1）。旅游服务区（鹿泉山服务区）作为枢纽吸附以及地方文化互动窗口，是区域统筹发展载体和全域旅游发展支点、亮点，是"交、旅、文、商"融合创新平台。商贸物流园作为格局支撑和放大器，主要吸引物流客群。乡村旅游聚落（苗圃基地）作为休闲吸纳，发挥扩容器的作用。

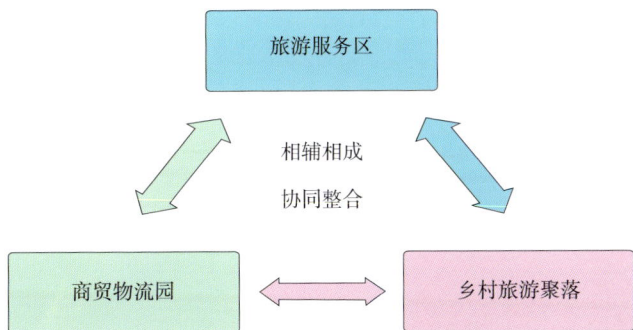

图 5-1 三大吸引中心图

2. 发展重点

（1）旅游服务区（鹿泉山服务区）

功能定位：目的地即服务区，服务区即目的地。

发展阐述：创新打造花园型、集聚型、带动型旅游服务区，联动各板块发展的金钥匙，着力建设山西省首个"旅游目的地服务区"品牌，创建"中国旅游目的地服务区"，作为近期发展重点。

重点工程：基础设施建设工程、东西服务区联通工程、水景观营造建设工程、整体业态布局工程、文化氛围植入工程（以年轻消费群体为主要市场，采用江南庭院风格，引入亭台楼阁、水榭瀑布。建筑外立面气质清亮，内街区绚丽时尚，将新中式建筑与国潮元素深度融会，一改晋派沉闷）。

（2）商贸物流园——交易大市场

功能定位：战略储备、物流仓储、商贸交易、展览展示、购物旅游。

发展阐述：打造区域商贸市场休闲区、城市功能疏散区，将商贸物流与交易市场相融合，形成"商贸物流园——交易大市场"双轮引擎模式，引领国内物流园区发展，作为太原东二环高速公路核心支撑。

（3）乡村旅游聚落

功能定位：乡村旅游度假区，美丽乡村再升级。

发展阐述：实现板块从自然山村、美丽乡村向旅游休闲度假区转变，围绕"福寿"文化，创新交旅融合带动下的"鹿泉山底乡村振兴发展模式"，打造全域旅游化、文化显性化、环境景观化、景观艺术化的乡村旅游聚落，植入民俗文化、文化传承功能，构建中国健康生活方式，建设国际化的美丽乡村（图5-2）。

图5-2　乡村旅游部落图

重点工程：乡愁记忆保护恢复工程、文化传承与弘扬工程（主题文化展陈、文化标识牌、主题文化景观小品）、旅游度假化氛围营造工程（于凌翠台周边景观视野良好的高地处，建设一处自驾房车营地。同时引入电瓶车游线系统，串接旅游路周边景点、特色村，完善沿线标识路牌）、生态景观塑造工程。

5.4.2　发展目标

1. 近期（2020—2023 年）——旅游 + 交通 + 文化

发展目标：（1）中国旅游目的地服务区：高速服务区自身就是旅游目的地，具备全要素设施的旅游接待能力，具备旅游吸引力，是综合型、复合型旅游吸引物，把鹿泉山服务区打造为国家 4A 级旅游景区——旅游主题服务区。（2）城市双休旅游目的地：将这一区域打造成为四城的城市休闲与微度假休闲旅游目的地。（3）中国交旅融合创新试验区：以高速服务区为核心特色支撑，带动周边区域发展，实现"交通 + 旅游 + 文化 + 乡村 + 生态"融合创新发展，成为交旅融合创新试验区。

重点任务：旅游服务区是核心引爆点，乡村旅游聚落是吸引点；重点打造旅游服务区（鹿泉山服务区），联动带动周边乡村、鹿泉山、苗圃基地；重点开发"目的地服务区"项目、通道互联项目、自驾车房车营地项目、乡村民宿项目、康养体育项目、文化体验项目、研学知识项目。

产业重心：康养体育、文化体验、生态休闲、服务区旅游、乡村旅游。

2. 中远期（2024—2030 年）——旅游 + 交通 + 文化 + 商贸

发展目标：中国交旅文商融合特色产业集聚区：即依托太原东二环高速公路属地资源、发展形态，基于主题服务区带动的，具有强大吸引吸附、集散集聚能力的，集交通、旅游、文化、商贸物流为一体的大型业态集聚目的地。

重点任务：商贸物流园是核心支撑点，旅游服务区是平台、枢纽，乡村旅游聚落是吸引点；重点推进物流园区转型升级，承接城市转移功能；重点开发商贸物流、展览展示、市场交易、大健康旅游、现代服务业、文创基地、旅居度假、休闲度假等产品项目。

产业重心：康养体育、文化体验、生态休闲、服务区旅游、乡村旅游、商贸物流、休闲度假、综合商务、文化创意。

以旅游服务区（鹿泉山服务区）整合带动，以物流园特色作支撑，以山地乡村苗圃环境为背景，以福寿文化为灵魂，建设"旅游主题服务区、商贸物流园、乡村旅游聚落"三大吸引中心。三大自带流量的吸引中心相辅相成、协同整合，将这一片区（约 28km²）整体打造成"超越交旅融合形态的、具有城镇发展潜力的，旅游、商贸、物流、文化相互融合，各版块相辅相成的复合型中国交旅文商融合特色产业集聚区"。

5.4.3 功能布局

1. 总体功能布局

鹿泉山主体服务区在场地东区。鹿泉山服务区东南侧为谷底景观区，可观赏谷底自然生态景观，可达主体服务区的东南入口。鹿泉山服务区西北侧为温室景观区，在山梁之上，可通过高速生态停车场到达，可达主体服务区的西北入口（图 5-3）。

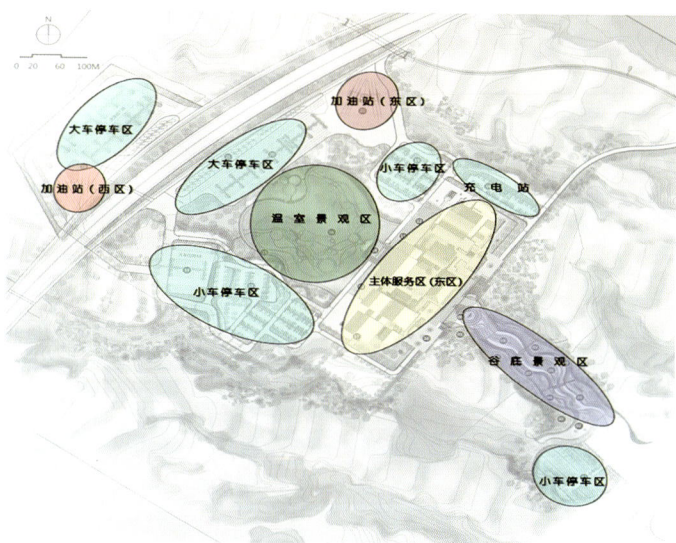

图 5-3　功能分区图

一楼东南侧景观次入口处，主要为游客服务中心、温室科普和观景平台；二楼为客房；三楼西北侧主入口处，主要为商业中心和餐饮区（图 5-4）。商业空间化分成一个个独立地体量，精巧地放置于地形之上，各个空间通过连廊、花园相联系，并形成内庭院。在内庭院中，增加部分山西元素的古建、轩、廊，增加福寿文化的元素和业态，唤起人们对空间的认知，对传统的回归。

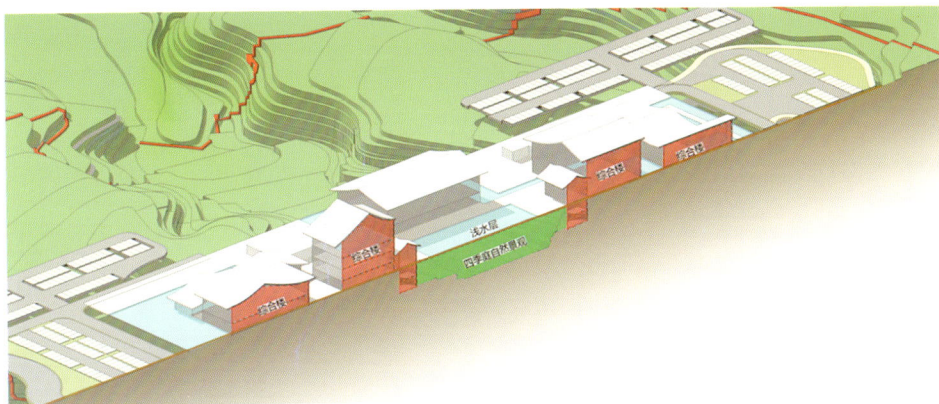

图 5-4　剖面布局图

2. 业态布局

综合楼 -1：商业，中央大厅；综合楼 -2：文体，文体娱乐体育；综合楼 -3：休闲，休闲区和咖啡、甜品；综合楼 -4：美食街、地方美食、娱乐区、童装、玩具；综合楼 -5：娱乐；综合楼 -6：餐饮（图 5-5）。

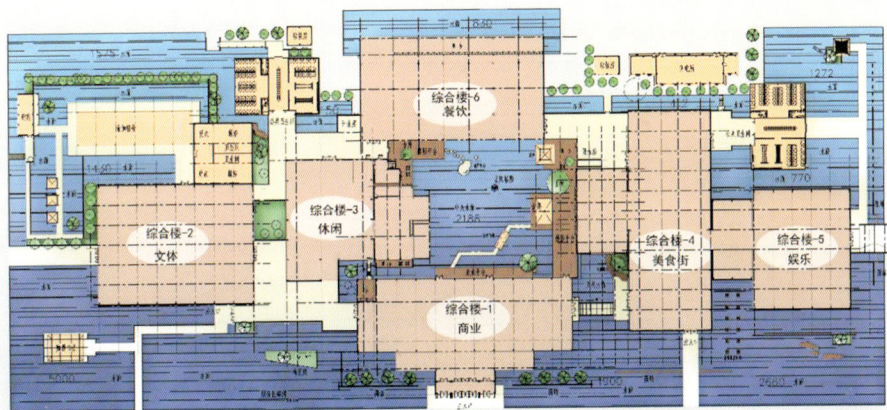

图 5-5　业态布局图

5.4.4　运营管理

1. 发展模式

鹿泉山服务区发展模式为"服务区 + 文化 + 旅游 + 物流"创新发展模式。

一是按照"福寿文化"主题进行鹿泉山服务区的开发、规划、设计、建设与运营管理，在业态产品与服务商体现福寿文化主题和特色，体现山西元素和文化特征。将鹿泉山服务区打造成为体验福寿文化、山西文化的窗口平台。

二是打通鹿泉山服务区到旅游景点、乡村、物流园、苗圃基地的"最后一公里"，实现接驳交通、旅游公路、线路串联的无缝连接，以鹿泉山服务区为片区的旅游集散地、旅游吸引地，联动周边旅游景点，打造统一的旅游形象和品牌，打造综合性旅游区。

三是借助物流园的吸纳吸附以及客流商流能力，相互补充、相互协作、相互引流，开发多元旅游体验项目，远期打造出"鹿泉山服务区、乡村旅游聚落（苗圃基地）、商贸物流园"三大吸引中心，建造成主题型旅游度假区。

四是与当地旅游部门对接，规划多条包含鹿泉山服务区的旅游线路，鹿泉山服务区综合楼还将增设旅游咨询、旅游预订、旅游宣传等功能，力争将其打造成全域旅游集散中心。鹿泉山服务区将积极主动融入地方社会经济发展，有机衔接高速公路与沿线城镇，对其进行综合开发，盘活城镇外围的闲置土地，有效实现与旅游、物流、文化、生态等产业融合，促进区域经济的快速发展。

2. 运营模式

鹿泉山服务区构建了"1+N+X"的商业模式，其中：

"1"是指 1 家运营商，即鹿泉山服务区公司定位为平台运营商。该运营商整体负责服务区网络平台的开发运营，对服务区进行统一规划、统一招商、统一营销、统一运营标准制定，体现了服务区运营的"一体化"。

"N"是指"N 家主力店"，即服务区经营网络中要包含 N 家主打品牌（文化主题品牌、山西地方特色品牌、平台运营商自己的品牌）。比如，中国福寿文化主题馆（福寿文化博览、延伸与周边产品、商品、服务）、三晋老字号（宝源老醋坊、大宁堂、并州饭店、太钢、白鸽、雁门清高、孙记包子、恒宗、梨花春、沟门前、汾阳王、鑫炳记、晋升、三晋川、长昇源、宝聚源、唐都、喜蓉、堡子、颐圣堂、胡氏荣茶、冠窑、太行山、潞、绿洲、晋韵堂、晋艺坊、三盛合、永祥和、南耀離、店头云雕、卫嫂）品牌、路桥驿民宿品牌、露营地品牌、地方土特产专卖店等。这些品牌可以是平台运营商自己的品牌，也可以是通过战略合作引进的社会优秀品牌，但关键是这些品牌适合服务区的经营特点、符合平台运营商的经营理念，且愿意与平台运营商结成联盟一起开拓市场，这体现了服务区经营管理的"品牌化""连锁化"。

"X"是指 X 家特色店，即服务区经营网络中要包含 X 家特色品牌或特色经营项目（旅游创意项目、特色体验项目，如智能穿戴虚拟游戏、VR 体验馆、晋商大院虚拟体验），这些品牌或项目视不同服务区所在区域的特征而定，体现了服务区经营管理的"差异化"。

5.5 项目建设特点

5.5.1 项目空间

鹿泉山服务区空间规划以太原东二环高速公路隔开分为西北、东南两部分，西北部分占地面积 59 亩，东南部分占地面积 442 亩。西北部分主要为停车场和加油站等常规高速公路服务区规划内容；东南部分为鹿泉山服务区旅游目的地服务区功能主体，除配备常规高速路服务区休息、加油、汽修、餐饮、零售等功能外，将以"旅游目的地服务区"定位规划交旅融合项目、旅游体验项目、特色文化主题业态、新型体验项目、住宿餐饮项目等。

整个鹿泉山服务区有两个出入口，为不同方向的人流提供不同的服务，最后汇集在温室的热带雨林景观中。出入口具体如下：

（1）温室服务区出入口：在谷底，可通过谷底景观区、四季厅进入温室景观区。

（2）高速服务区出入口：在山梁，通过高速生态停车场到高速服务区进入温室景观区。

围绕温室景观区有高低错落的栈道可供游客步行参观，温室内部不同层次的天空栈道作为咖啡厅以及花园餐厅的连接，周围种植许多热带雨林植物，并且养殖蝴蝶、各种鸟类以及亲近游客的哺乳动物。将花园打造成整个鹿泉山服务区聚集人气的焦点。

温室景观区与主要服务建筑通过空中栈道与内部通道相连，主要服务建筑内包含商业、餐饮、客房等各类服务功能，通过立体的交通组织，游客可以便捷地到达各功能区（图 5-6）。

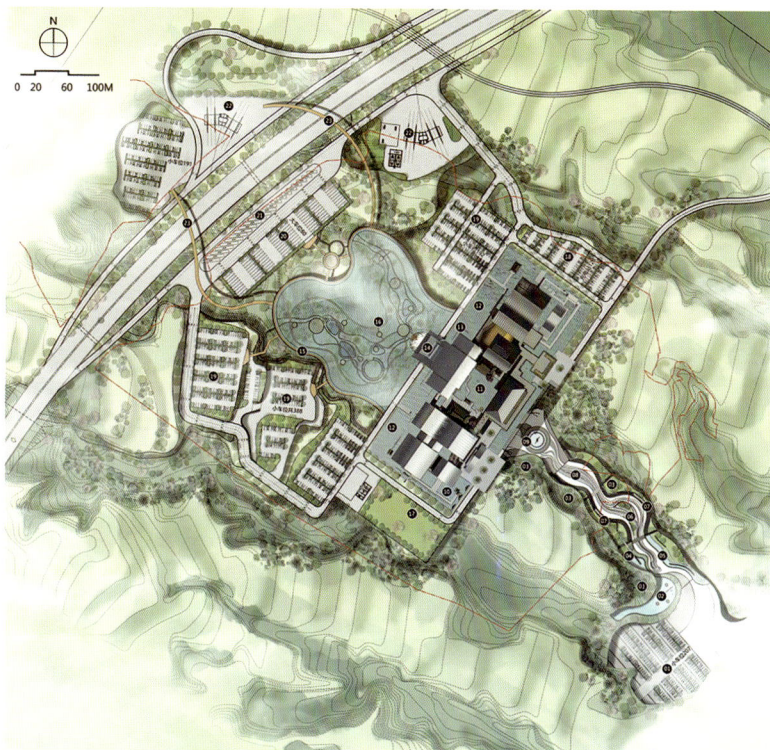

图 5-6　空间布局图

5.5.2　建筑设计

建筑设计因山就势，充分利用地貌特征与空间肌理。远眺，整体考虑周边山势的变化，利用屋面的连接，形成连绵起伏的气势与雄壮感，而在屋面下的建筑，形成大小不同的院落；近观，丰富的院落空间，巧妙地布置，达到移步换景的境界（图 5-7）。

整个鹿泉山服务区设置两个出入口，为不同方向的人流提供不同的通路服务，最后汇集在温室的热带雨林景观中（图 5-8）。

高速服务区横跨在山梁上，服务区入口前的大水面为温室顶棚，自带 3% 坡度。在春、夏、秋季，顶棚可保存 5~10cm 流动水，不仅可以自洁，也可以让通过顶棚的阳光在水纹的带动下，在温室里形成活动的彩色光斑，增加温室梦幻的色彩。在冬季，停止供水，变成一个纯玻璃顶，如同镜面湖水（图 5-9）。

图 5-7 总体鸟瞰图

图 5-8 东南方向鸟瞰图

图 5-10 为鹿泉山服务区入口的大雨棚，与温室的雨棚在交汇时，形成一个半圆的瀑布，瀑布顺着入温室的观光电梯跌落到温室里，在温室内形成一个雨漩涡，为热带雨林景观提供更完美的体验。

图 5-9　西南方向鸟瞰图

图 5-10　鹿泉山服务区入口透视图一

　　鹿泉山服务区入口透视如图 5-11 所示。入口处，停好车的客人通过生态停车场向温室聚集；生态停车场有十几米的高差，经过高低不同的地形，在不同的点接近温室，形成不同的景观层次，从多维度欣赏温室景观，带给客人多种视觉冲击。

　　当层层递进的空间关系渐次地在眼前展开时，对山西大宅的联想也同时浮现，但它又是以一种更新的方式加以呈现的。庭院内水景中的水代表时间，作为媒介沟

图 5-11 鹿泉山服务区入口透视图二

图 5-12 水榭透视图

通着各个功能空间。悬浮的透光玻璃装置对水捉摸不定的形态进行捕捉，从真实的水景中升起，在半空中形成镜像四散开去，在这些凝固的水滴的指引下，观者的时间通过叠加最终形成空间中的行走序列（图5-12）。

内院的设计遵循着"古法酿造，全新包装"的原则，用苍劲的石桥、古朴的水榭、雄辉的外廊，在"拾遗"的乐趣中，唤醒儿时的记忆，体现传统文化的美，增加游客对传统文化的热爱（图 5-13）。

在半沉的室外咖啡吧里，用不同的视角看内院，还可以近距离地观察镜面水池，30cm 的水下是透明的玻璃，玻璃下就是繁花正茂的四季厅；夜晚，四季厅的灯光，会让水池又变得色彩斑斓，时时刻刻有不同的景观和惊喜（图 5-14）。

鹿泉山服务区主庭院是一个充满着"礼制"与"诗意"之人文精神而并存的空间。

图 5-13　内庭院透视图一

图 5-14　内庭院透视图二

在"意趣活泼、野致横生"的主题下，采用非对称的空间形式，塑造出传统的山西建筑空间形式，与现代建筑功能相结合做到移步异景、秩序与雅致共存、传统与现代共融（图5-15）。

主体建筑中透出山西古老的地方元素，与现代建筑功能完美结合，使北方建筑的力量与南方水景的柔美达到和谐统一（图5-16）。

图5-15　内庭院透视图三

图5-16　餐厅透视图

通过连续、变化地展示建筑物的各个主体空间，创造了一种随观看角度的转移而趣味生动的流线。通过形成一个严格对称和秩序的院落空间，每一个院落都通过建筑实体与景观围合具有仪式感的空间，是移步异景的空间（图5-17）。

安静的侧院，倒映着金属与玻璃的光亮，画面的动与声音的静，配合上古朴的造型松，能让人停住脚步，享受繁华过后的宁静（图5-18）。

图 5-17　公共卫生间透视图

图 5-18　侧院透视图

5.5.3 景观设计

"林下鹿饮溪"是鹿泉山服务区东南方向入口的景观节点，两边起伏的景墙结合上雾森的效果如深山古林一般幽静与安逸，山下的麋鹿悠闲地在溪边嬉戏，给人一种轻松活泼的感受，仿佛真的会有一只小鹿从山间奔跑下来一样。它的景观设计在夜晚的视觉感受又与白昼的不同，呈现夜晚与白天不同的景致，华灯初上时流光溢彩的霓虹与雾森再次结合，如同仙境一般（图5-19）。

图 5-19 林下鹿饮溪图

"双岛卧溪"是鹿泉山服务区东南方向的景观节点，整个广场的铺装宛如蜿蜒流淌的溪流，在溪流的中间卧躺着两个绿色的小岛，结合上麋鹿的雕塑，整体给人一种亲近悠闲的感受，坐在两边的长椅上享受着一份惬意（图 5-20）。

图 5-20　双岛卧溪图

"鹿沐九色"是东南方向的主入口雕塑水景，红色的飘带轻盈又神秘地贯穿其中，两边如展翅般羽翼象征着以开放的胸怀拥揽天下游客。鹿的灵性与水的柔性相衬托呼应福寿之地的主题文化，麋鹿显现之地定是美好祝愿与福寿之地（图 5-21）。

图 5-21　鹿沐九色图

鹿泉山服务区前部峡谷将打造成一个巨大的温室花园，温室内部不同层次的天空栈道作为咖啡厅以及花园餐厅的连接，周围种植许多热带雨林植物，并且养殖蝴蝶、各种鸟类以及亲近游客的哺乳动物，将花园打造成整个服务区聚集人气的焦点（图5-22）。

图5-22 温室花园图

谷底设置一条贯通整个温室的观光大道，方便游客探索领略温室中的秘境，道路两侧有湿地、热带雨林、森林、花海、瀑布等，是联通各个功能区域的主干道，游客可以更方便地通往各个区域，同时可以在行进中与动物亲近（图5-23）。根据园区需求可以采用定时班次观光车接送游客，减少了交通时间。

图 5-23　谷底风光大道图

5.6　项目社会效益分析

1.盘活周边旅游资源

鹿泉山服务区有利依托周边鹿泉山森林公园、苗圃基地、物流园、山底村、黑水村、华南村等旅游资源，联合打造成"超越交旅融合形态的、具有城镇发展潜力的，旅游、商贸、物流、文化相互融合，各版块相辅相成的复合型产业集聚区"，成为城市"双休"旅游目的地（城市休闲与微度假休闲），盘活周边旅游资源，挖掘地方文化，吸引游客观光。

2.升级周边区域价值

鹿泉山服务区除具有高速公路服务区休息站、旅游接待能力外，更核心的是成为一个支点，盘活其内在巨大的隐性利益和价值。一是与物流园双向互动，成为区域集散中心，吸引商流、物流、客流汇聚；二是处在晋中东三县优势地理位置，成为晋中东部旅游跨越式发展的支点，打通了晋中东部五县的旅游连接；三是周边乡村资源的开发，从长期来看，最具开发价值的是黑水村"福寿文化"以及山底村、华南村等乡村度假资源，具有养老养生的优势基础。

3. 带动周边社会经济发展

除鹿泉山服务区常规加油、汽修、零售、餐饮消费外，鹿泉山服务区作为旅游目的地服务区，具备旅游景区的经营属性。整合周边旅游资源、乡村生态资源、苗木资源，扩大盈利点，会产生旅游收入（旅游住宿、旅游餐饮、旅游交通、文化娱乐、商贸会展）、苗木收入（花卉苗圃购物）、乡村旅游收入（民宿、旅游土特产）等。无疑，鹿泉山服务区将带动周边社会经济发展，将真正打造成为服务中心、吸引中心、文化中心、消费中心。

第6章 "BIM+"助力绿色公路建设

当前我国进入信息化高速发展阶段，以"BIM+"为代表的新一代信息化技术助力绿色公路建设，已成行业趋势。"BIM+"下绿色公路建设立足交通行业、强调顶层设计、利用现有基础、服务面向未来。"BIM+"助力绿色公路建设，将充分利用新一代信息技术、新能源技术、新材料、新结构，以及人工智能等先进技术，实现"人、车、道路、环境"的全方位智慧协同，达到安全、快速、绿色、智能的终极目标。

6.1 "BIM+"应用模块

在太原东二环高速公路建设过程中，基于BIM+GIS技术，创建了管理平台软件，实现整个带状公路建设项目从宏观场景到微观场景的无缝切换，分为工程设计、建设管理、施工管理、运维管理四个板块，大幅提升了进度管理、质量管理、安全管理、拆迁管理、成本管理、农民工管理等管理效率。此外，将BIM前期策划平台、BIM过程管理平台及品质工程评价、工序验收管理、首件认证管理、试验云检系统、安全生产责任体系、安全设施验收、月度安全评价等进行信息化管理。采用关键管理数据、指标和实时监测数据进行可视化呈现，使管理人员以更加直观、快捷的方式获取项目建设管理信息，为高层决策提供依据。

6.1.1 工程设计板块

引进"公路 BIM+GIS 设计集成系统",将 BIM 技术和三维地理信息技术融为一体,在真实三维场景中直接进行公路设计优化,并自动完成工程数量计算及设计图表的生成。

1. 在三维地理信息场景中导入道路设计数据,快速生成道路 BIM 模型,结合三维地形直观展示设计方案,并通过设计优化模块在三维场景直接进行方案优化和数据比对(图 6-1)。

2. 在数据传递方面,系统自动生成的路基 BIM 模型已能够直接导入建设管理平台(图 6-2)。

图 6-1 三维场景图

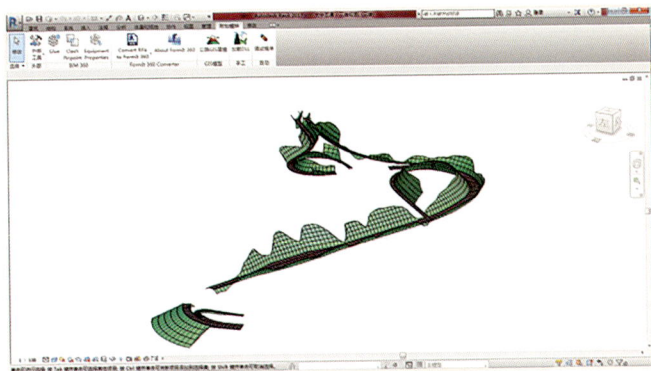

图 6-2 路基 BIM 模型图

6.1.2 建设管理板块

以智慧沙盘＋软件组合的方式，将 BIM+GIS 模型的静态数据与建设施工管理动态数据结合，进行可视化呈现，让管理者更加直观快速地获取项目管理信息，为管理决策提供依据。

1. 智慧沙盘

基于 BIM 技术、移动互联网、物联网、GIS 等技术，根据地形图、无人机倾斜摄影、工程数字模型，结合项目管理业务数据等融合集成动态三维数据展示平台。主要解决如下问题：直观展示工程概况、临建方案策划、设计变更辅助、建设管理辅助（图 6-3~ 图 6-7 ）。

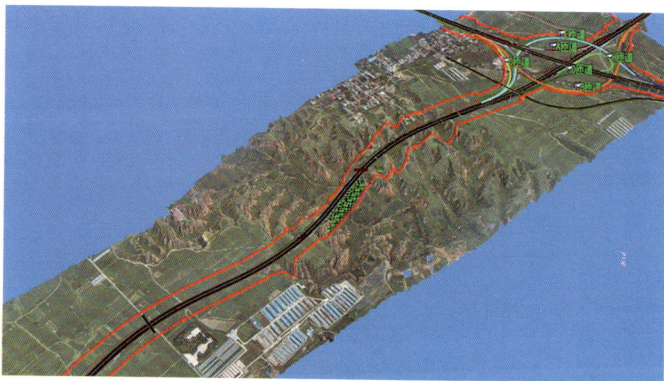

图 6-3　项目三维场景总览图

图 6-4　项目实景三维漫游图

图 6-5 设计方案比选图

图 6-6 投资管理图

图 6-7 进度管理图

2. 品质工程创建

品质工程评价系统以交通运输部《品质工程评价标准》和省交通运输厅《评价实施细则》为依据，主要解决以下问题：

（1）资料整理，组卷归档：品质工程内业资料复杂、繁多，整理归档不便；系统浏览功能方便上级主管部门对项目品质工程评价资料进行快速查询审核，资料还可按照评价目录导出组卷归档。

（2）打造模板，考核推进：为品质工程创建提供标准模板，通过监理审核、建设单位审定，逐步完善品质工程评价资料，系统的评价打分功能方便建设单位对品质工程创建过程进行考核排名，促进品质工程创建工作有序开展（图6-8）。

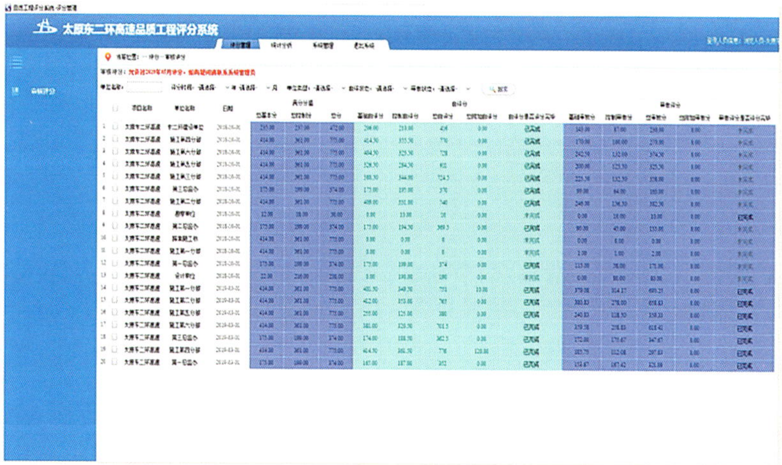

图6-8 评分系统图

3. 试验云检系统

试验云检系统对试验检测各环节进行信息化管理和动态监管，规范试验检测活动，保证数据的真实性和准确性（图6-9）。包括试验室信息管理、试验室设备、拌合站、梁厂张拉压浆数据监控等。系统解决以下问题：

（1）现场试验数据实时上传系统，建设、监理和施工三方可实现数据共享，保证数据的及时性和准确性，最大限度地杜绝试验数据造假。

（2）试验检测各环节进行记录，监督、督促施工、监理和中心试验室按规范规定要求及频率完成试验自检和抽检工作。

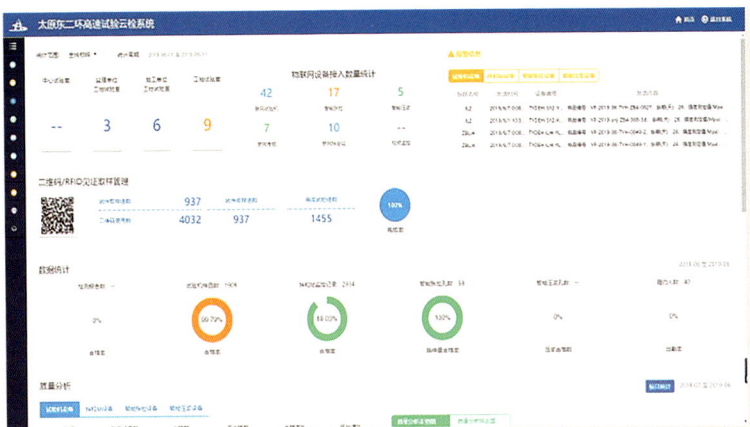

图6-9 检验界面图

（3）数据一旦上传不可随意修改，客观地反映试验数据，随时接受上级领导远程的查询及检查。

（4）试验检测资料快速整理归档，数据可长期保存。

4. 工序质量管控系统

工序质量管控系统以工序为对象，记录施工、质检和监理现场检验过程，对工程质量形成过程进行影像记录，督促落实"三检"制度、确保"质量责任"到人（图6-10、图6-11）。系统解决如下问题：

图6-10 PC端图

图 6-11　移动端图

（1）通过影像记录的方式确保质检员、监理人员到场检验，促进质量检验行为落地。

（2）制定影像采集标准，便于检验人员对标检验；记录现场施工负责人、质检员、监理人员影像，出现质量问题可以追溯到人，为实现质量终身负责制创造可能。

（3）系统自带水印功能，准确记录施工时间，方便统一施工自检、试验室、监理抽检的施工日期台账，解决因为日期不统一的资料返工的问题。

（4）实时统计工序完成情况，反映施工进度。

5. 平安交通安全管理系统

以交通运输部《平安交通三年攻坚行动》为引领，以"平安交通"安全创新典型案例为指导，按照交控《安全生产管理"五大体系"示范项目和专项工作实施方案》（晋交控安监发〔2018〕145号）及山西路桥集团《2019安全生产工作目标责任书》要求，构建安全生产管理"五大体系"信息化管理平台（图6-12），融合"十个一"管控措施，推进平安建设，应用科技创新成果，驱动安全发展，实现科学安全管理。系统主要解决以下问题：

（1）健全安全生产责任体系，落实安全责任、安全投入、安全培训、安全管理、应急救援等"五到位"。

（2）推进安全标准化建设和智能终端应用（图6-13、图6-14）。

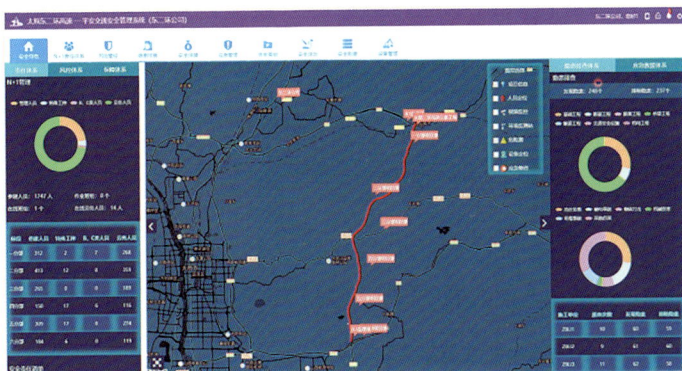

图6-12　安全管理图

图6-13　人员定位管理图

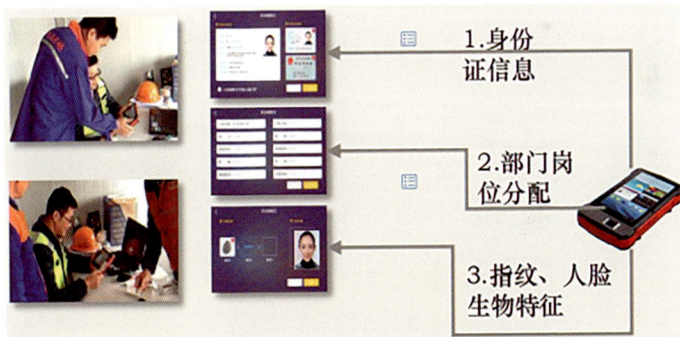

图6-14　智慧终端应用图

6.劳务实名制管理

山西路桥集团根据住建部与人社部《关于印发建筑工人实名制管理办法（试行）的通知》（建市〔2019〕18号）文件的要求建设了"山西路桥集团建筑工人劳务实名制平台"（图6-15）。加强山西路桥集团、所属单位建设及施工项目协作单位劳

图 6-15　劳务实名制系统图

动用工监督管理，规范用工行为、降低劳务用工风险、保障农民工的合法权益、维护社会稳定发展。

7. 招标（采购）管理系统

山西路桥集团开发"招标（采购）管理系统"，规范公司及所属单位招标采购行为，发挥规模采购优势，实现保障供应、保证质量、降低成本、预防腐败的目的（图 6-16）。实现全山西路桥集团招标（采购）工作电子化，提升全集团招标（采购）工作的管理水平，提高招标（采购）过程透明度，实现全集团采购数据共享。

图 6-16　招标（采购）管理系统图

8. 电商平台

山西路桥集团建设了"网上电子商城平台"（图 6-17），由电商直采商城、内部商城、企业购公开寻源三个模块组成，包括采购计划、方案管理、采购池、寻源管理、订单管理、退换货管理、履约评价、对账管理、付款单管理等功能。借助互

图 6-17 网上商城电子平台图

联网优势将外部优质电商、实体店等供应商引入，通过比质比价电商直采、框架协议内部商场订单以及公开询比招标等模式，有效解决了山西路桥集团所属单位目前采购方式落后、市场信息获取不足、采购渠道狭窄等问题，从而进一步降低采购成本。

6.1.3 施工管理板块

4DBIM 动态量价管控系统通过对公路工程数据信息的集成，对三维模型、图纸工程量、预算、清单、进度五位一体相关联，建立动态量价数据共享中心，可以列项算量核对图纸工程量，生成三种格式基础 0 号台账（图 6-18），实现设计材料、工程量清单、成本动态管理功能（图 6-19~ 图 6-21），辅助计量支付、投资控制，解决公路建设项目精细化管理需求。

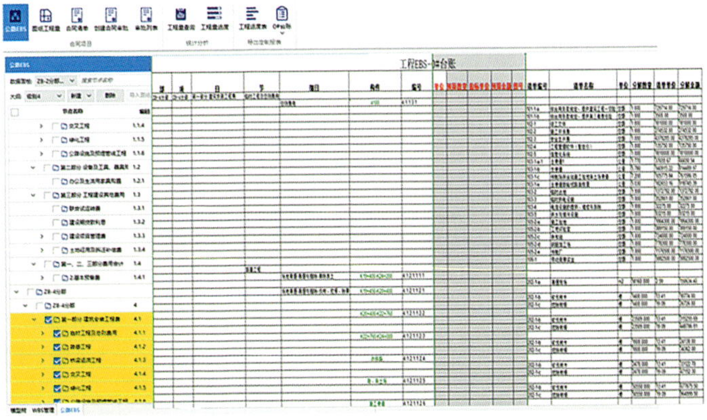

图 6-18 工程 0 号台账图

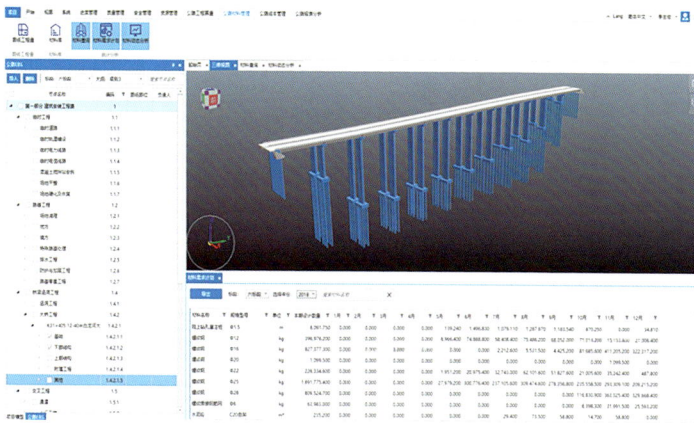

图 6-19　材料需求计划查询图

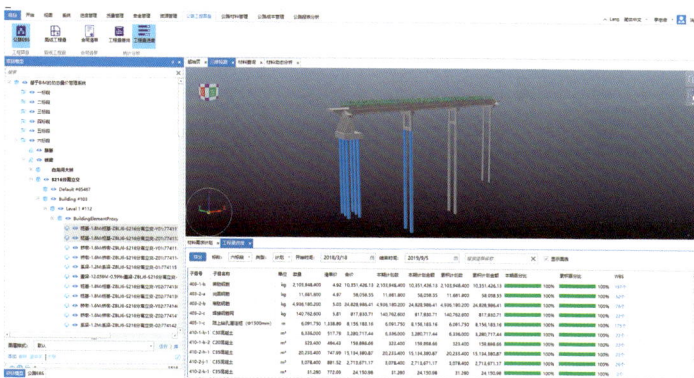

图 6-20　工程量计划产值查询图

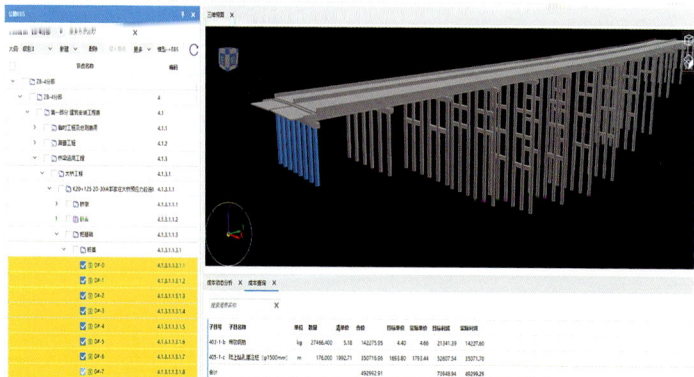

图 6-21　工程成本利润查询图

（1）将图纸工程量和 BIM 构件工程量清单关联，建立 0 号清单台账，其中，0号台账是在计量支付之前建立的对清单内各分项计量支付台账。对于 0 号台账不仅要将清单中的工程量计入，还要核对图纸的错误，更进一步的做法是还要将新增单价申报列入。

（2）计算图纸细部工程量，完成工程量核对；按年度统计各月需求计划、采购计划。

（3）基于图纸工程量，关联预算、合同清单；通过时间算法为计量、投资控制提供动态清单产值数据。

（4）通过清单价、目标价、实际价三算对比分析计划利润和实际利润；统计分析直接成本实现成本重点管控。

6.1.4　运维管理板块

从建设施工阶段切入，通过在施工阶段预埋相关传感设备，为运营阶段智慧化安全监测（比如高挡墙、高边坡、高填方路段的沉降观测，桥梁梁体裂缝、挠度实时动态观测等）及运营管理（比如，通行流量的智能分析、道路管控、分流以及养护维修）提供决策依据（图6-22）。

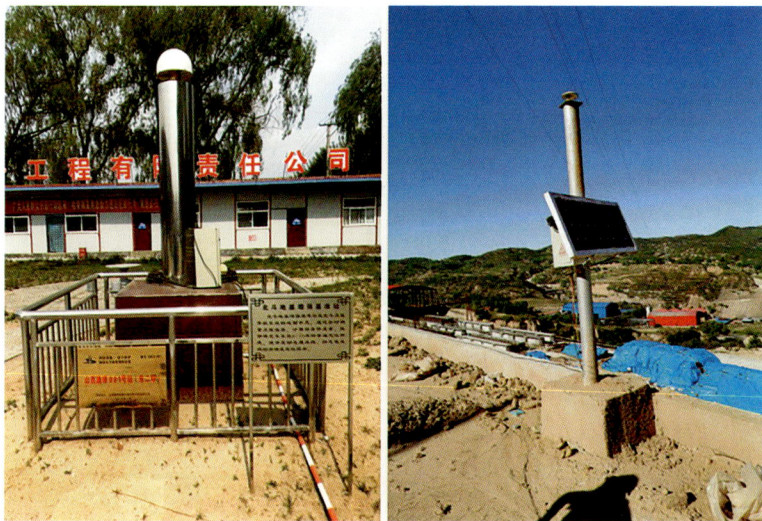

图 6-22　北斗定位基站和高边坡沉降实时监测设备图

6.2 "BIM+"建设管理

山西路桥东二环高速公路有限公司结合实际,按照总体规划、分步实施的原则,打造"BIM+"公路工程数字管控平台,建立全新的公路工程生产模式和组织模式,促进项目管理提质溯源、降本增效,助力企业转型升级。2018 年以来,山西路桥东二环高速公路有限公司以创新管理、提质溯源、降本增效为目标,勇担省交通运输厅 BIM 技术应用攻关行动重担,从设置项目级 BIM 技术应用中心,到成立路桥智慧交通公司,在全省率先探索、总结了一套"BIM+"公路建设管理模式。

6.2.1 "BIM+"可视化管理,构建数字公路基础

公路的可视化模型项目及其周围环境提供了逼真的三维图像,可产生一个综合的虚拟环境,可以在其中有效地计划和设计太原东二环高速公路。公路的可视化模型可以帮助减少设计错误和沟通不畅,从而降低项目风险。此外,地质和地理分析有助于识别地质灾害和环境敏感区域,促进高速公路路线的规划。数字公路建设的前提是公路的数字化。山西路桥东二环高速公路有限公司强调整体策划与实施,强化航测实景三维地理信息采集建模和工程 BIM 建模能力建设,基于 BIM 技术可视化、协同化的优势,实现公路项目的数字化,实现在公路勘察设计、项目建设策划、项目成本管控、公路运维管理等公路全生命周期管理各方面的应用延伸。

在公路勘察设计方面,太原东二环高速公路项目开发"公路 GIS+BIM 设计集成系统",将 BIM 技术和三维地理信息技术融为一体,在真实三维场景中直接完成公路设计,并自动完成工程数量计算及设计图表的生成。在项目建设策划方面,开发 BIM 智慧沙盘,融合了项目施工现场地形、BIM 工程模型、占地线等项目的相关信息,在三维场景中直接快速进行临建设施、取弃土场等的选址;直接规划施工便道,自动计算工程量;标注起止点自动规划运输路线并计算综合运距等。在项目成本管控方面,开发出 4DBIM 动态量价管控系统,依托 BIM 三维可视化的优势,将工程量和进度计划以及清单价、目标成本价、结算价关联,让工程量具备时间属性,实现了材料资源量、已完工程产值、成本实时统计,为过程管理、精细化管理

提供数据支持。在公路运维管理方面，尝试从建设施工阶段切入，通过在施工阶段预埋相关传感设备，为运营阶段智慧化安全监测及运营管理提供决策依据。

6.2.2 "BIM+"信息化管理，打造智慧数字公路

自20世纪90年代以来，尤其是最近几年，我国的信息化建设取得了重大的成就，云计算、物联网、大数据等新一代信息技术飞速发展，并在交通运输行业管理和服务方面逐步应用，为智慧交通建设奠定了坚实的技术基础。信息化是项目管理提质增效的必由之路，山西路桥东二环高速公路有限公司结合自身管理实际，将BIM技术与信息化管理深度融合，在进度、质量、安全、征拆等方面实现智慧管控。

在进度管理方面，工程模型拆分至构件级，依据施工工艺划分施工工序，在BIM智慧沙盘以工序验收驱动模型构件变色，直观展示工程形象进度。在质量管理方面，开发工序质量管控系统，明确工序拆分标准、拍照标准、自定义审核流程，通过手机移动端，每道工序拍照报验、在线审核，确保质量符合要求；同时为质量问题追责提供证据。在安全管理方面，以"一张图+标准化模板+智能终端应用"为设计理念，构建安全生产"五大体系"信息化管理平台，融合"十个一"安全管控措施，推进平安建设，应用科技创新成果，驱动安全发展。在项目征拆管理方面，在BIM智慧沙盘三维实景模型上加载征地红线，实现对拟征拆地物的可视化查询、对征拆难点的高效沟通；征拆地块划分至行政村，集成征拆相关政策文件、补偿标准、征拆进度等信息，做到对征拆情况的可视化管控。

6.2.3 "BIM+"物联网技术，补强智慧数字公路建设

BIM是物联网应用的基础数据模型，也是物联网的核心和灵魂。BIM技术与物联网技术对于建筑运维来说相辅相成，有了物联网技术，运维达到实时数据的收集处理、建筑元素之间的信息交换及通信，有了BIM技术，实现了运维管理对象在建筑三维空间中的定位及管理。基于物联网技术的数据自动采集、上传、分析、预警等不仅能够极大地简化一线管理人员的工作，而且数据更加的实时、精准。山西路桥东二环高速公路有限公司"BIM+"公路工程数字管控平台在试验数据管理、

机械设备管控等方面引入应用，并取得了良好效果。

在试验数据管理方面，太原东二环高速公路项目开发试验云检系统，依靠物联网数据采集终端和网络，实现试验机数据、拌合机数据、张拉数据、压浆数据、摊铺数据、压实数据等自动采集、上传，报表自动生成，有效避免了试验滞后、数据造假等问题。

在机械设备管控方面，太原东二环高速公路项目开发出机械租管平台，并基于物联网技术，实时监测在用机械设备的实时位置、工作状态，可以精确到每台设备的工作时长统计及油耗分析，为项目内部机械设备的精细化管理和结算提供高效的数据支持，为企业机械资源配置优化及闲置资源利用提供统计及分析数据。

6.3 "BIM+"应用成果

6.3.1 打造 "耐久高效型" 绿色公路

1. 提升了公路的设计质量

太原东二环高速公路将 BIM 平台融入试验检测数据的自动采集、工序验收管理、品质工程评价、首件认证管理、安全生产责任体系、安全设施验收、月度安全评价等信息化管理系统，使项目的管理更加智能化、精细化，工程品质提升效果显著。"公路 GIS+BIM 设计集成系统" 在山西路桥东二环高速公路有限公司隰吉高速项目、太原东二环高速公路、昔榆高速项目等进行了设计方案的复核优化，通过土石方填挖平衡调整、桥隧布设调整等，累计节约工程造价 3.3 亿元；在晋中分局 241 国道、209 国道等项目进行了 BIM 正向设计，设计成果得到晋中分局设计人员及业主单位的高度认可。

2. 提升了项目的管理水平

太原东二环高速公路通过过程管理 BIM 平台的协同性，有效促进了各参与方的信息交流的及时性，提高了生产效率，且所有管理过程留痕，有效推进各项管理工作闭环，显著提升了管理水平与效率。

太原东二环高速公路项目通过搭建基于 BIM 技术的辅助施工管理系统，主要用于项目建设的信息化管理，包括进度管理、质量管理、安全管理、计量管理、施工应用等五个大的功能模块。

太原东二环高速公路项目基于 BIM 的大数据可视化智能建造平台，为项目管理决策提供支持，主要功能是提取质量、进度、拆迁、成本等各管理模块应用的不同软件系统的关键数据，通过资源整合，将高速公路建设管理过程各专题数据进行集成分析并基于统一平台进行可视化呈现。

BIM 智慧沙盘及信息化管理系统在 207 国道左涉项目、吕梁 209 国道项目、隰吉高速、离隰高速、昔榆高速、浙江景宁 322 国道项目、京雄高速 SG3 标等建设、施工项目中进行了推广应用，项目组织策划水平显著提升，质量、安全、进度管控明显增强。

3. 保障了项目的质量、成本和安全

公路施工可视化技术交底 BIM 图集主要针对公路工程施工难点、质量控制关键点等进行场景化建模，以成长动画的方式对施工工艺进行可视化交底。2019 年，4DBIM 动态量价管控系统在太原东二环高速公路进行了试点，基本实现了项目成本日清月结的管理目标。2020 年，4DBIM 动态量价管控系统已被确认为山西路桥集团成本控制中心成本管控、审核指定平台。公路施工安全防护标准化 BIM 图集主要针对公路工程施工常见施工现场的安全防护设施进行了三维建模，方便责任人员对安全防护设施设置标准进行多角度查询。

4. 培养了复合型专业人才

山西路桥东二环高速公路有限公司在路桥智慧交通公司设置的 BIM 培训点，于 2019 年 9 月通过中国图学学会和国家人力资源与社会保障部培训中心授权，成为省内公路行业唯一的"全国 BIM 技能等级考试"培训考点。2019 年山西路桥集团 300 余人在智慧交通公司考点培训结业。2020 年，受疫情影响采用网上授课方式培训，目前参加培训人数已达 600 余人。

5. 提升了企业的品牌形象

山西路桥集团作为山西省交通基础设施投资建设施工骨干和主力军，高度重视品牌形象的建设，"BIM+"公路工程数字管控平台的上线起到了积极的促进作用。2019 年，太原东二环高速公路参加"龙图杯"全国 BIM 大赛，获三等奖；山西路桥集团所属浙江景宁 322 国道项目参加浙江省交通运输厅"2019 年浙江省交通 BIM 技术职工职业技能竞赛"获施工应用类铜奖。2020 年，山西路桥东二环高速公路有限公司承办"数字建造·智慧交通"第六届全国 BIM 学术会议，搭建了山西路桥东二环高速公路有限公司与全国 BIM 技术专家、企业的交流对话机制，共同研究探索数字化转型发展之路。

6.3.2　创建"科技创新型"智慧公路

1. 服务区体现智慧细节

以浙江省高速公路服务区的改造升级为例，引入智慧服务区。为满足高速公路服务区管理者、车主、商户等不同群体的需求，智慧服务区设置的系统有：服务区运营状况监测和内部运营管理系统以及公众服务和信息系统，主要包括智能引导服务系统、智能停车服务系统、监控视频系统等。服务区内进行功能分区的智能引导，两客一危车辆、特殊车辆分开停放，设置全方位的视频监控系统进行全程监控，对特色餐饮及加油排队等信息提前进行告知及预警。

2. 智慧系统守护公众安全

公路全线设置可变信息标志、气象检测器、交调站等交通调查及信息发布设备，路况环境、气象状况、交通实况均能通过沿线设置的调查站实现数据收集及实时播报。在长大下坡路段和隧道等安全事故多发路段，通过测速雷达和车牌识别系统，与可变信息标志实现联动，对超速车辆进行提醒。在多雾路段设置交通监测与诱导系统，实现区域路段的智能诱导与安全提示，在易发事故路段设置 LED 警示灯，降低特殊路段车辆通行的安全风险。

3. 全角度路况监测

按照平均间距 750m 设置一对星光级高清网络摄像机，通过后台的视频事件分析仪实现异常事件的检测和报警；在枢纽互通立交、长大下坡等路段，外场设备在现有规范设置原则的基础上，在危险路段适当加密；结合运营期需求，考虑全线 WIFI 的覆盖和通信基站的建设。实现隧道、桥梁、危险路段等重点设施及沿线标识（限高、限速、急弯、长大下坡等）、信号控制设备与车辆、驾驶员的预警。加强传感、智能控制、高精度定位等智能监测终端布设，实现监测数据的实时传输，实现全线交通运行状态、环境状况的全面监测和深度感知。

4. 全方位通行预警

运营期与交管部门结合，在危险路段设置超速车辆抓拍和微波雷达事件检测设施，随时捕捉行车细节，及时提醒车主进行行车调整。对超速车辆进行抓拍，通过前方设置的可变情报板及时告知驾驶员注意行车速度。

5. 高效处置交通事故

运营期可借助于应急指挥调度系统通过与移动、联通、电信等运营商合作，实现手机报警定位。一旦车辆发生交通事故，通过车主拨出的报警电话，平台将自动定位交通事故所在地。设置应急救援与指挥系统，实现对路政、救援等车辆的定位和指挥。

6. 全景式路产管理

运营期可考虑引进高分遥感应用与分析系统，及时捕捉高速公路全线发生的路面、桥梁、涵洞和边坡等病害。利用卫星高分遥感数据，对高速公路进行基础设施数据调查，补充完善高速公路基础设施数据库，提高养护决策的科学性与便利性。

7. 服务平台提供智慧保障

以司乘人员为中心，主动服务，围绕司乘人员的出行需求，搭建智慧服务平台。预留管道及接口，结合运营期需求、通信基站的设置提供全路线 WIFI 覆盖，实现出行及赛事等信息的及时推送。基于云平台，集成建设管理、运营管理、养护管理、办公管理和公众服务五大系统，利用集成工具软件和应用开发平台，完成统一门户、单点登录、数据统一、数据接口和规范标准化，支持智能手机、PDA、云桌面等智能终端应用来实现智慧高速公路。

8. 移动支付技术应用

在与省结算中心充分对接的基础上，推动手机 NFC 支付、二维码支付（如微信、支付宝）等移动支付技术在高速公路通行费及服务区消费等领域的应用，有效降低收费系统的建设和运营成本，快速扩大电子支付用户规模，提高通行效率。设置扫码枪，对现有的收费应用软件提出扫码支付的功能要求。

9. 快速判研路况交通

设计中预留系统接口，实现监控平台与全国重点应用车辆联网联控平台数据的对接。实时推送"两客一危"（指从事旅游的包车、三类以上班线客车和运输危险化学品、烟花爆竹、民用爆炸物品的道路专用车辆）及货车卫星定位动态数据，及时获取高速实时路况，并将"两客一危"及货车作为参照车辆，快速判断道路的拥堵状况。

10. 做好信息共享与应急联动

预留系统接口，可实现与省、市级交通运行协调与应急指挥系统的对接。利用省、市级交通运行协调与应急指挥系统，实现太原东二环高速公路与周边其他公路之间的信息共享、协调调度和应急联动。

11. 智能车路协同技术

基于车路协同的智慧高速公路系统将综合应用相关前沿技术，全方位实施车车、车路之间的动态实时信息交互，并在全时空动态交通信息采集与融合的基础上开展车辆主动安全控制和道路协同管理。根据智慧公路建设原则，结合车路协同技术及系统的主要特征，可实现智慧提醒、智慧监测、智慧检测、安全辅助驾驶、高级驾驶等应用。

12. 自动驾驶技术

自动驾驶技术是以智能的交通行为感知、判断、决策与执行能力形成脱离人类驾驶员的新型驾驶模式，是地面出行方式的重大变革，也是人工智能科技领域群雄逐鹿的重要战场。在车车通信、车路通信和高精地图等技术的辅助下，这一技术正在催生全新的协同交通管理与控制方法，打造下一代智慧公路系统的大脑，为创造安全、高效、环保、经济的交通运输系统奠定基础。

第7章　铸就卓越管理

太原东二环高速公路应中共中央国务院《关于开展质量提升行动的指导意见》及打造卓越工程管理相关要求，从狠抓安全生产、绿色品质管理、工程管理信息化等方面来着力铸就卓越管理。

7.1　卓越管理的要素

绿色品质公路建设面临诸多制约，其中管理方面不健全是主要的制约之一，整个管理内容复杂多样，包含安全、质量、人力资源、施工成本、生产等。太原东二环高速公路项目以安全管理和质量管理为重点，全面推动卓越管理。

关于安全管理方面，鹿传洪（文献 [67]）提出各高速公路营运企业应认识到自身的社会责任，加强对自身安全管理工作的重视，构建符合高速公路营运需求的安全管理体系，为安全管理人员的工作提供规范化的指引。汪建华（文献 [69]）提出想要加强公路安全管理还应立足于管理制度、管理决策、安全评价等方面，确保安全管理得到落实，减少安全事故率。李剑（文献 [70]）研究发现在高速公路安全管理中使用智能交通技术，不但显著降低了高速公路安全事故的发生概率，行车的安全性和舒适性也得到了保障。狠抓安全生产是铸就卓越管理的重要因素之一。

关于质量管理方面，陈箫剑（文献 [73]）建立了高速公路工程质量管理体系，并提出了质量管理的相关建议。马永胜（文献 [74]）阐述了公路工程施工质量管理体系建设中存在的不足和问题，并提出了具体的解决方案以加强对公路工程施工质量的控制。武浩杰（文献 [75]）认为高速公路路基施工质量控制与管理需要相关单位和部门高度重视，明确质量控制关键点，确保路基的强度和稳定性符合施工要求。在信息技术逐步普及的背景下，质量管理工作可引入信息技术，通过信息化管理为高速公路品质建设创造良好条件。

7.2 卓越管理的实现思路与途径

1. 实现思路

在环境分析基础上，以"卓越绩效"理念为指导，结合高速公路建设管理特点，在山西路桥集团"重道笃行、通达致远"的核心价值理念指导下，构建紧密结合企业文化建设与项目目标管理执行于基层高速公路建设的卓越管理模式，突出以人为本、过程管理、多方共赢、绿色品质的高速公路建设卓越管理理念。

（1）以安全为前提

以项目"安全"目标实现为前提，实现"以人为本"的卓越绩效理念。以系统观为指导，加强安全意识培养，完善安全管理工作机制，力争实现全过程、全因素、全手段、全天候、全主体的安全卓越管理。

（2）以质量为核心

高速公路建设质量直接影响其预期效益发挥，影响人民生命和财产安全。在高速公路建设管理中必须确保工程质量和品质。注重质量管理体系建设和绿色品质管理尤为重要。

（3）以效益为重点

高速公路建设卓越管理关注建设过程，管理机制创新、精细化管理、标准化建设、管理信息化是实现效益管理的途径。

2. 途径

铸就卓越管理主要从七个方面展开：狠抓安全生产、质量管理体系建设、绿色品质管理、管理机制创新、精细化管理、标准化建设、工程管理信息化，以此提升太原东二环高速公路工程管理水平。

7.3　狠抓安全生产

山西路桥东二环高速公路有限公司以《高速公路建设工程安全生产操作规范》为指导，坚持"安全第一，预防为主"的方针，通过构建安全生产管理"五大体系"，落实"十个一"安全举措，深入推进"品质工程"创建工作。

1. 全力构建安全生产管理"五大体系"

（1）深化安全生产责任体系

做好安全生产工作要坚决落实好安全生产责任体系。安全失守，就是责任失守。责任体系是安全生产的根本，保障安全生产需要明确安全生产工作过程中各个部门和人员的责任、权利。为确保安全生产，山西路桥东二环高速公路有限公司建立并完善了"19+1"层级的安全责任体系，通过层层签订安全生产目标责任书、逐级逐岗建立安全生产责任清单，确保压实、筑牢全线安全生产责任，切实构建起"依法定责、全面签责、高效履责、严格督责、奖惩问责"的安全生产责任机制。

（2）深化安全风险管控体系

高速公路工程施工较为复杂，需重视安全生产管理，加强安全风险管控策略研究，建立细致精确的安全风险管控体系。项目负责单位应在完善监管考核制度、强化巡检员队伍建设的基础上，通过信息化手段运用，不断提升风险管控能力。山西路桥东二环高速公路有限公司按照山西路桥集团要求，组织施工、监理单位开展了风险辨识和管控培训，制定印发了《安全风险分级管控制度》，并要求各项目分部按照施工阶段定期更新、公示《安全风险分级管控清单》，组织开展"安全体检"，切实打牢安全风险管控体系的基础工作。

（3）深化隐患排查治理体系

隐患排查治理体系建设就是根据有关法律法规、规章制度确定的风险点，进行风险源辨识，并根据级别进行隐患排查，能即时消除的危险源就必须立即消除，当场消除不了的就需要制定隐患排查整改方案，确定整改责任人、整改措施、整改时间，限期整改，从而保证安全生产。山西路桥东二环高速公路有限公司坚持隐患排查治理"全覆盖、零容忍"的态度，对全线进行定期与不定期巡查和安全生产月度评价工作，依托《公路工程施工安全检查评价规程》DB14/T 666—2016对各参建单位安全管理工作进行量化评价，通过施工单位自查、监理单位复查、建设单位抽查，形成各单位安全生产月度评价结果。

（4）深化应急救援处置体系

应急救援体系是安全生产的最后一道防线。应急救援体系需要施工单位完善施工现场的应急救援制度，常规和非常规地对施工现场进行检验评估，对应急救援程序进行必要的补充和修订工作。山西路桥东二环高速公路有限公司高度重视应急救援处置体系的建立与完善。积极开展了应急队伍培训活动，组织开展针对性演练。在全线重点部位、人员密集区设置了多个应急物资储备库及应急救援机械停放点。同时，各参建单位严格执行 24 小时领导带班、值班制度和安全生产信息报送制度，确保了各类安全生产相关信息及时、准确地收集和上报。

（5）深化安全生产保障体系

安全生产保障体系的建立是项目安全管理的前提，所以各参建单位施工前必须制定相应的制度、保障措施等，确保工程安全。山西路桥东二环高速公路有限公司为深化建设安全生产保障体系，做了以下具体工作：一是在《安全标准化设施设计图》的基础上，制定下发路面标准化安全管控方案并严格执行；二是代表山西路桥集团参加安全生产标准化一级达标考核并顺利通过；三是组织召开内业资料、安全通道、桥梁防护等标准化现场交流观摩会，推动全线安全标准化建设。

2. 落实"十个一"安全举措

（1）"一套体系、一份清单"构建安全生产责任体系

"一套体系"即构建"19+1"安全生产责任体系。山西路桥东二环高速公路有限公司建立了 19 级管理层、1 级执行层的分级管理、分层负责体系，各级人员按照"一岗双责"要求落实岗位安全职责，形成一级抓一级、层层抓落实的责任体系和齐抓共管的工作格局，确保每项安全工作有人负责、有人检查、有人监督、有人落实，实现闭环管理。

"一份清单"即"一岗双责"安全责任清单（图 7-1）。根据"19+1"安全生产责任体系，各参建单位将每个人的安全责任清单量化，把安全生产责任细化到每个人、每个环节、每个岗位，使安全责任压到每个参建人员头上，真正构建起"依法定责、全面签责、高效履责、严格督责、奖惩问责"的运行机制。

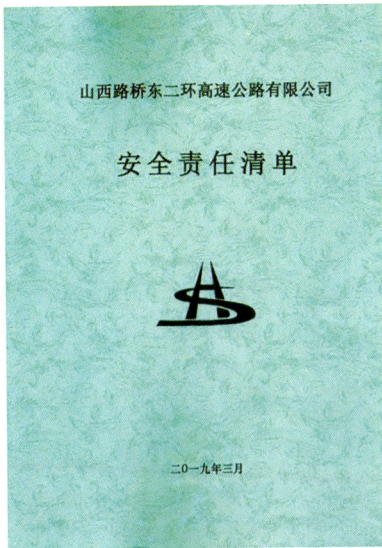

图7-1　安全责任清单

（2）"一张风险表、一套软件"构建安全风险管控体系

"一张风险表"即安全风险分级管控清单表（图7-2）。太原东二环高速公路在整体风险评估基础上，以作业工序为主线，全面开展风险辨识管控工作，建立了"红橙黄蓝"安全风险清单表，对所有风险点制定管控措施，明确责任及责任人，动态管理，形成了安全风险分级管控、分级负责机制。

图7-2　安全风险分级管控清单

　　"**一套软件**"即人员、机械设备信息管理软件（图7-3）。信息化管理是未来社会发展的必然趋势，建立一套完善的信息管理平台，对公路工程的安全及质量管控都具有重要意义。太原东二环高速公路各参建单位对进场人员、机械对应唯一编码，实行编码信息集成化管理。编码信息录入系统，可随时查询进场人员身份证件、操作证件、培训记录、交底记录、责任清单、机械设备进场验收、维修保养、检测检验等详细信息。

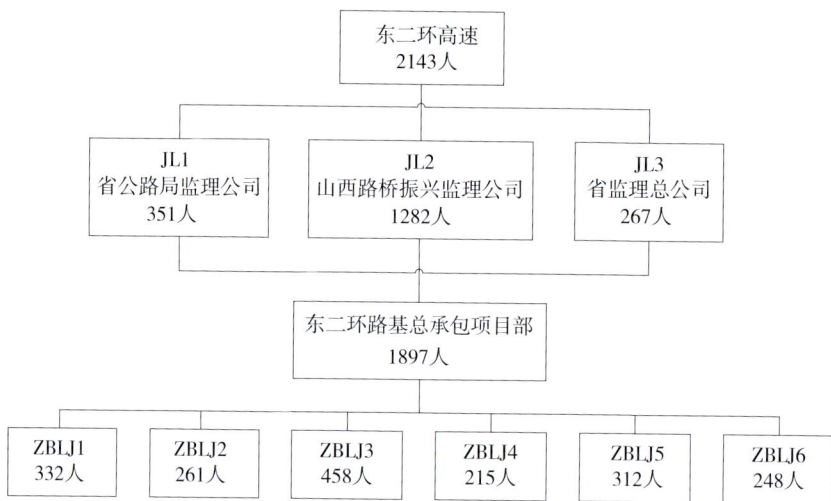

```
                    东二环高速
                     2143人

        ┌────────────┼────────────┐
       JL1           JL2           JL3
    省公路局监理公司  山西路桥振兴监理公司  省监理总公司
      351人          1282人        267人

                东二环路基总承包项目部
                     1897人

  ┌────────┬────────┬────────┬────────┬────────┐
 ZBLJ1    ZBLJ2    ZBLJ3    ZBLJ4    ZBLJ5    ZBLJ6
 332人     261人    458人     215人    312人     248人
```

图 7-3　东二环公司开发的人员信息管理软件图

　　（3）"一本规程，一项制度"构建隐患排查治理体系

　　"**一本规程**"即《公路工程施工安全检查评价规程》DB14/T 666—2016（图7-4）。依据该规程，山西路桥东二环高速公路有限公司细化了隐患排查内容、量化考核、评价标准，并将评价结果与信用评价挂钩，根据考核结果进行奖惩。

　　"**一项制度**"即安全生产考核、奖罚制度（图7-5）。山西路桥东二环高速公路有限公司明确了考核方法、奖罚内容和标准，激励和约束参建各方安全生产行为，促进安全评价工作的有效落实。

　　（4）"一套预案，一个培训场"构建应急救援处置体系

　　"**一套预案**"即工程建设生产安全事故应急预案（图7-6）。近年来，公路施工

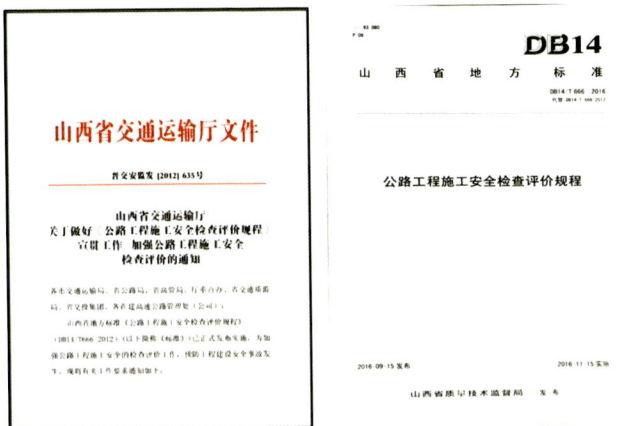

图 7-4 《公路工程施工安全检查评价规程》DB14/T 666—2016

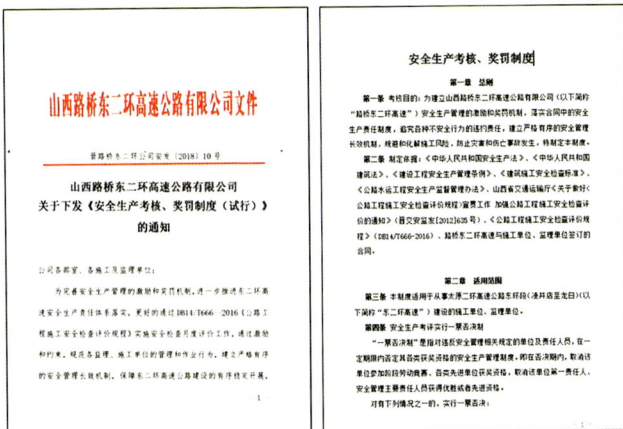

图 7-5 安全生产考核、奖罚制度

图 7-6 工程建设生产安全事故应急预案

区路段的交通安全问题已经成为备受关注的焦点，迫切需要研究一套应急预案管理系统，保证各参建单位在施工期间突发事故情况下能做出快速处理反应，以减轻人员伤亡，保障施工区路段的安全、畅通。根据行业、地方政府、山西路桥集团应急管理要求，太原东二环高速公路制定了《东二环总体应急预案》，督促各参建单位制定了10类专项预案，与沿线公安、消防、医院等部门建立联动机制，共同应对突发事件的救援和处置工作。

"一个培训场"即岗前"安全培训场"（图7-7）。农民工在高速公路建设领域占据着十分重要的地位。施工人员有时缺乏必要的安全知识和自我防范能力，为高速公路建设的安全生产管理带来了极大难度和安全隐患。山西路桥东二环高速公路有限公司为太原东二环高速公路建立了一体式安全体验馆和VR安全体验系统，施工人员岗前安全培训必须在"安全培训场"接受体验式教育，使一线施工人员更直观地了解施工中的安全风险和安全隐患，熟练使用防护用品，学会紧急避险，达到了预防事故的目的。

（5）"一本图纸、一份验收单"构建安全生产保障体系

"一本图纸"即安全设施标准化设计图（图7-8）。山西路桥东二环高速公路有限公司编制了项目《安全设施标准化设计图》，从路基、桥梁、临时用电、工程现场等方面，对施工中常见的安全防护措施进行了标准化设计，对投入的安全设施进行了清单量化，将安全抽象的问题具体化、复杂的问题简单化，实现安全施工标准化、图表化管理。

安全体验馆外景

安全体验馆场景

VR体验馆

安全宣讲

图7-7 岗前"安全培训场"图

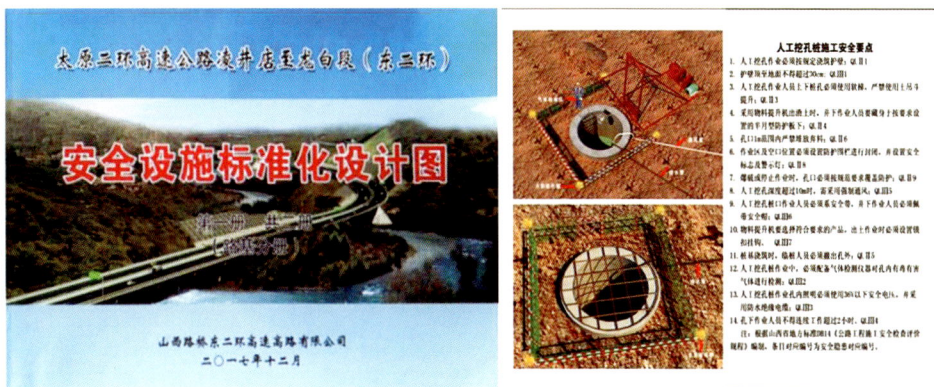

图 7-8　安全设施标准化设计图

“一份验收单”即安全设施验收单（图 7-9）。山西路桥东二环高速公路有限公司建立了安全设施验收制度，安全设施完成后，施工单位首先自检，填写《安全设施验收单》，经监理单位验收合格签字确认后，方可进行主体工序施工，验收单扫描件、现场图片上传至安全系统备查，实现了安全设施先于主体施工，有效保证了施工安全。

安全设施报验单

合同段号：ZBLJ-5　　　　编号：QL039

项目部	太原东二环高速路基 ZB 项目部五分部	监理单位	太原东二环高速公路 JL2 总监办

致（驻地监理工程师）＿＿敬凯＿＿：

按合同和规范已完成西蒜峪 1 号大桥大桥安全设施（工程或项目安全设施名称），并经自检合格，报请查验。

工区（工段）负责人：　　2019 年 5 月 15 日

项目安全部意见：

安全部长：　　2019 年 5 月 15 日

工程地点及桩号	西蒜峪 1 号大桥　K25+010
具体部位	施工现场
检验内容	安全设施、安全标志、标牌

附件：安全设施清单

安全设施现场照片

要求到现场检验时间	2019 年 5 月 15 日
承包人递交日期、时间和签名	2019 年 5 月 15 日
驻地监理工程师收件日期、时间和签名	2019 年 5 月 15 日

审查意见：

符合要求　　现场监理：　　2019 年 5 月 15 日

审核意见：　符合要求

驻地监理组长：　　2019 年 5 月 15 日

安全设施报验单一式二份，一份专职安全监理留档，一份施工单位安全部留档。

安全设施图片资料卡片

项目部	太原东二环高速路基 ZB 项目部五分部	监理单位	太原东二环高速公路 JL2 总监办
工程地点及桩号	高壁大桥　K26+915	具体部位	桥面铺设

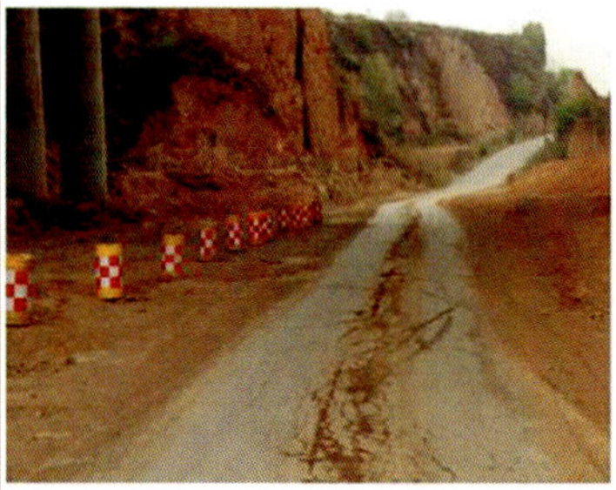

图 7-9　安全设施验收单

7.4 质量管理体系建设

高速公路质量管理是指参与项目建设的各个相关方确定质量方针、目标和职责，通过质量体系中质量策划、质量控制、质量保证和质量改进来实现所有质量职能的全部活动。针对高速公路项目复杂多样的特点，在施工过程中，需要对施工、监理、材料供应等各个方面进行管理和控制，建立健全质量管理体系，对企业各项职责进行更加清晰的划分，从而保证实际施工可以按照计划进行。

山西路桥东二环高速公路有限公司以交通运输部品质工程评价标准和山西省交通运输厅攻关行动试点方案为依据，深入贯彻落实山西路桥集团"改革创新、对标提升"活动的部署要求，扎实开展质量管理工作，推进质量管理体系建设，通过落实工程质量责任、强化质量风险预防管理、加强质量巡查和过程控制、利用好质量检测和过程数据，实现了传统建造到智能建造的转变，推进了品质工程落地。

1. 落实工程质量责任

公路工程在设计使用年限内实行工程质量终身负责制。为保证公路施工质量，高速公路质量建设可以通过实行施工责任制，落实工程质量责任，提高工作人员的质量管理意识与责任心。山西路桥东二环高速公路有限公司建立了项目公司、监理单位、施工单位质量责任登记表，明确了责任人与责任清单，确保质量过程管理全覆盖。工程项目建设单位负责人、各从业单位的法定代表人、工程技术负责人和直接责任人按各自的职责对所承担公路工程在设计使用年限内负终身责任。

太原东二环高速公路项目各参建单位按照交通运输部《关于严格落实公路工程质量责任制的若干意见》的要求，落实了质量岗位责任制，按照工程质量责任登记表的要求真实填写，并按有关程序报审。质量责任单位和责任人发生变更的，按原程序以月为单位及时履行变更手续。工程质量责任登记表及工程质量责任登记汇总表纳入工程档案,并列入交工验收资料目录。各参建单位在现场驻地和重要的分部、分项工程施工现场设置了明显的主要工程质量责任登记公布牌。

2. 强化质量风险预防管理

公路工程项目的质量风险是客观的，不能完全预知，更不能完全回避，只能根据公路工程的自身特点以及项目自身的实施状况，及时全面地分析出质量工程在施工管理期间可能发生的威胁，制定一系列具有针对性的、可有效地避免的措施。更为重要的是，做好项目质量风险管理是企业质量风险管理工作的基石，使得企业信誉更加坚固，可有效促进工程质量的提升。

太原东二环高速公路建设过程中强化了质量风险预控管理、质量风险分析与评估，完善了质量风险控制措施和运行机制，健全了施工组织设计编制、审查和执行落实体系，施工组织设计全面、合理、切合项目实际、可操作性强，图文并茂、文字简练、表达清晰、易于理解。监理单位在全面性、可操作性、针对性、先进性和自主性方面进行了审查；施工单位严格按照已审定批准的施工组织设计文件组织施工，需对其内容做较大变更时，要求在实施前将变更内容书面报送项目监理机构重新审定。

此外，各参建单位严格制定了专项施工方案论证审查制度。根据《危险性较大的分部分项工程安全管理办法》，太原东二环高速公路项目对于超过一定规模的危险性较大的分部分项工程，组织专家对施工单位编制的单独的安全技术措施文件进行了论证，经施工单位技术负责人、总监理工程师、建设单位负责人签字后方可组织实施。同时，太原东二环高速公路项目强化了技术方案分级分类审核责任，根据具体工程规模和施工难度，由施工单位公司、总承包项目部、分包项目部分级编制审核技术方案，提高了技术方案的安全性、可靠性、经济适用性。

3.加强质量巡查，强化过程控制

高速公路质量巡查管理在高速公路建设施工质量管理中发挥着非常重要的作用。反映的是对质量的态度，是科学的方法和严谨的流程，是责任心和职业道德，是企业能力和水平的真实体现。打造品质工程要严格过程控制，用过程来保证结果。

太原东二环高速公路的监理单位明确定位，在项目管理中不作为独立的第三方，而是作为建设单位负责的受托方，按合同要求和监理规范提供监理咨询服务。这种角色定位改进了监理方式，以质量、安全为重点，加强程序控制、工序验收和抽检评定，加强对隐蔽工程和关键部位的监理。监理工程师按照《公路工程施工监理规范》JTG G10—2016，采用定期与突击相结合方式巡视施工现场，安排监理人员对旁站项目的施工过程进行旁站，对主要工程的关键项目进行检测见证。

建设单位成立"工程质量巡查领导组"，对工程质量进行全方位、全过程巡查管理。巡查人员对太原东二环高速公路参建施工、监理、检测单位及其他第三方单位的管理行为和工程（工作）质量开展了巡查工作，及时发现问题、汇报问题、纠正问题、反馈问题，对巡查中发现的问题发出书面巡查指令，及时纠正影响工程质量的不规范行为，按照"四不放过"的原则督促处理好每一个问题，确保质量隐患及时、彻底消除。

4. 利用好质量检测和过程数据

利用好质量检测和过程数据是保障工程质量的有效措施。在进行高速公路工程项目的检测过程中，检测单位要保证检测数据的真实性、准确性和有效性。要对施工工程项目进行全面的检测，不能放过任何一个细节，为了保证检测工作的质量，检测人员在检测过程中，可以使用抽样检测的方式进行，然后通过对数据的分析，可以推断出工程质量的优劣性。但是在检测中，还需注意控制好检测的频率，很多检测单位在监督和管理过程中，由于检测工作不到位，导致工程施工检测频率过低而影响了检测数据的准确性。

山西路桥东二环高速公路有限公司充分发挥了施工、监理单位工地试验室和建设单位中心试验室在控制和评判工程质量、保障工程施工安全方面的重要作用，有效利用试验检测技术手段，加强了工程项目建设过程中质量安全风险的预防、预控、预判、预警工作。太原东二环高速公路项目推行试验检测工作标准化和信息化建设，采用具有自动采集和监控系统的智能检测设备和手段，提高了试验检测数据报告的客观性和规范性。

太原东二环高速公路着重加强了对混凝土强度（抗折、抗压）（试验室）、施工配合比（拌合站）、预应力张拉（梁场）等试验数据和施工数据的实时采集，采取信息化手段，发现异常及时向施工、监理单位管理人员预警；推广了成熟适用的数字化、可视化与智能化技术在隐蔽工程和关键部位施工中的应用，积极应用具有便捷、无损等特征的先进检测装备，提高检测技术能力和服务水平。

7.5　管理机制创新

1. 强化周期统筹

实行首件工程认可制，严格过程控制、深入开展质量通病专项治理行动，进一步完善质量通病专项治理工作。结合山区高速公路特点，针对容易出现质量问题的高填方路基、半填半挖、高边坡防护、小型预制构件外观以及冻害、水害、雪害防治等进行专项研究和施工控制。应用新技术改进施工工艺，强化现场过程管理，确保绿色品质示范工程的内在品质和耐久性，进一步提升乘车舒适度、行车安全性及路域环境景观和服务水平，达到内实外美的绿色工程品质效果。

2. 实行了"1026"工作机制

"1026"工作机制是指每周召开1次工作例会；所有工作计划、批办事项、会议安排事项跟踪落实、销号清零；每晚组织员工学习2个小时；每周工作天数明确为6天。通过实行促进工作提升，将事项决策、工作部署，员工专业技能、业务水平、综合素质提升，工作效能提高，进行规范化、效能化管理，切实提高了公司整体工作执行力，全面提升了建设管理能力和服务水平。

7.6　精细化管理

1. 细化考核评价

太原东二环高速公路项目将交通运输部《公路水运品质工程评价标准》7项一级指标、22项二级指标、52项三级指标逐项分解，形成参建单位责任分值，其中设计单位238分，建设单位472分，监理单位374分，施工单位776分。同时，太原东二环高速公路项目出台以品质工程分值为考核内容的劳动竞赛方案，对各参建单位品质工程创建过程、实施资料等，通过评价软件按月考核、奖惩。

2. 对标一流建设

项目建设启动阶段，山西路桥东二环高速公路有限公司就高起点定位，组织监理、施工单位赴省外考察学习先进经验，编制了《临建工程标准化手册》《安全设施标准化设计图》等标准化手册图集。特别是，"一室两区三厂"从总体规划、功能布局、外观形象等方面进行了统一设置。

3. 紧握三个抓手

第一个抓手，抓工序管理。项目组编制了标准工序库，明确拆分规则，统计全线工序数量，明确控制目标，明确建设、施工、监理单位各方职责，分解各方管理任务。

第二个抓手，抓首件产品。深入开展首件产品认证工作，划分为山西路桥东二环高速公路有限公司、监理单位、施工单位、工区、班组五个管理层级，每个管理层级，对应不同首件产品，本级实施，上一级监管。

第三个抓手，抓班组建设。制定班组管理制度，通过实施首次作业合格确认制、班组工人实名制，落实岗前培训与技术交底，执行班前教育与工后总结，规范班组建设，提高班组能力。工序、班组互联互通，优秀的班组完成优质的工序，工序的质量反映班组的水平，最终形成合格的首件产品。

7.7 标准化建设

1. 施工现场安全防护设施标准化攻关

品质之路，安全为天。山西路桥东二环高速公路有限公司以打造本质安全型项目为目标，建立了"19+1"责任体系；编制了《安全设施标准化设计图》，对高边坡、深基坑、高墩柱等关键部位安全防护设施设置进行了规范；推进智能化安全管理，在全线人员集中区及风险级别高的地段安装视频设备，对人、物、机械设备进行实时监控；打造安全体验馆，让参建人员感受"安全事故"的严重后果，强化施工人员的安全意识（图7-10）。

高空作业专用吊篮　　　　安全体验馆外景　　　　安全体验馆场景

施工现场安全门禁　　　　安全便梯　　　　VR体验馆　　　　安全宣讲

图 7-10 安全防护设施标准化攻关图

2. "一室二区三厂"标准化攻关

为全面推行高速公路工程现代化、信息化建设管理，提高山西省公路建设项目临建设施标准化管理水平，提升工程质量，强化安全管理，树立行业文明施工形象，实现集约化、工厂化生产，加强公路工程建设项目的工地试验室、办公区、生活区、钢筋加工厂、拌合厂、预制厂（以下简称"一室二区三厂"）标准化建设管理工作，在项目建设伊始，山西路桥东二环高速公路有限公司合理优化"一室二区三厂"建设，从总体规划、功能布局、外观形象等方面进行统一设置。

工地建设标准化重点推行"三个集中"，即钢筋集中加工、混凝土集中拌合、梁板集中预制。工地建设标准化充分发挥集中管理的优势，实现钢筋加工、混凝土拌合、构件预制的工厂化、集约化、标准化。同时，场地硬化应按照四周低、中心高的原则做硬化处理，面层排水坡度不小于1.5%。场区应设置综合排水系统、污水收集系统，在场地外侧合适的位置设置三级沉淀池，不得直接排放；固定的生活垃圾应集中收集，及时运至当地环保部门指定地点处理。

另外，施工单位应采用 BIM 技术创建实体模型，进行动态模拟规划，编制"一室二区三厂"建设方案，经监理单位审查、建设单位批准后，方可组织实施。"三厂"应规划整齐、结构统一、布局合理、功能配套、环境优美；"三厂"施工现场应封闭管理，出入口设置智能门禁系统，悬挂"施工重地，非请莫入"的禁止标志。

（1）坚守高标准，打造超市化钢筋加工厂

太原东二环高速公路全面贯彻落实"以设备保工艺、以工艺保质量、以质量保品质"理念，在全线推行钢筋集中机械化加工，并通过规范班组建设，以操作规范、设备先进、管理优良提高钢筋加工质量和效率，为提升混凝土构件质量奠定了良好基础。

1）全面推行集中加工，告别"小作坊"作业

全线钢筋加工厂均按桥梁下部及涵洞钢筋加工、梁板钢筋加工分别布设。厂区选址和面积以方便运输配送和满足施工需求为原则，集中管理、统一标准，提高加工质量，废料集中回收避免浪费，材料统一进出厂，强化管理。

2）积极引进先进设备，大力推进机械换人

钢筋加工厂均配备数控钢筋笼滚焊机、数控车丝打磨一体机、数控整体切割机、

数控弯曲机、数控弯箍机、二氧化碳保护焊机等钢筋加工设备，部分标段引进了钢筋焊接机器人等先进设备，钢筋加工全部实现了机械化作业，提高了加工效率，保证了加工精度。

3）流水线生产、超市化管理

钢筋加工厂区内设备按照工艺流水线布置，作业"无缝"衔接；区域划分合理，设置原材料区、半成品区、成品区；钢筋产品分类存放，设置存储"货架"，按照现场需求"超市化"配送，钢筋加工现场干净整洁、生产有序、作业人员大幅减少，真正实现了工厂化施工（图7-11）。

图7-11 钢筋加工场图

4）规范班组管理、培养产业工人

依托钢筋加工厂集中、机械化作业优势，各单位深耕班组建设，加强教育培训，提升精细化、专业化施工能力，打造高素质的产业工人。一是加强教育培训，采取班前交底和班后总结等形式，增强工人精细化作业的能力素养。二是工序交接"三检制"，在质检员检验、监理抽检之前，班组长首先要进行工序交接检，增强落实质量责任的自觉性。三是开展班中、班后巡查检查，由班组长负责过程质量的控制和班后现场清理、机械维护等工作，不断提升工厂化作业的习惯性。

（2）创新引领，大力提升梁板预制质量

预应力梁板质量直接影响桥梁工程的安全与耐久性，太原东二环高速公路认真贯彻山西省厅品质工程实施方案及品质工程桥梁预制构件质量提升攻关行动要求，坚持对标一流，以科技创新为引领，在梁厂建设、钢筋加工、混凝土养护、预应力施工、信息化管理等方面积极探索，预制梁板质量明显提升，真正实现"内实外美"（图7-12）。

图7-12　梁板预制厂图

1）梁厂合理选址布局，设施配置标准规范

采用BIM技术对梁厂进行建模规划，真实模拟梁厂选址布局，确保钢筋加工厂、混凝土拌合厂、梁板预制、养护、存放等区域及配套设施分区合理，场区通行顺畅。

预制梁板台座采用装配节段式台座，由工字钢＋节段式钢板拼装而成，可重复利用；台座下预埋水路、电路，预留喷淋养护喷头和电源接口。

2）规范钢筋加工，提升保护层合格率

钢筋加工采用集中、机械化加工，钢筋半成品、波纹管、锚垫板、锚环、夹片等材料集中分类堆放，采取"超市化"管理。钢筋焊接、绑扎采用定制胎架制作，确保加工精度，加工完成后，由吊架整体吊装入模。波纹管不同坐标位置设置限位器，保证坐标位置准确；钢筋保护层采用圆形高强度水泥混凝土垫块控制，绑丝扣向内，减少对钢筋保护层厚度检测结果的影响。设置钢筋加工移动雨棚，避免降雨影响作业，改善了工人工作环境。

3）优化养护措施保证强度

梁板采用自动喷淋养护方式，养护系统出水口的布设根据梁板的几何尺寸、横隔板的位置等综合进行，系统水管的布设全部预埋地下。喷淋系统处于关闭状态时，旋转喷头隐藏于台座内；启动喷淋后，在水压的作用下，喷头伸出台座并往复旋转，实现梁体腹板及翼板底全覆盖养护。部分梁厂采用了高分子保水养护膜进行养护，梁体敷贴养护膜，喷淋水可较长时间在养护膜与梁体间存留，减少喷淋次数，节水环保。

4）应用智能设备确保预应力施工质量

梁板的张拉、压浆采用智能张拉和压浆设备，确保受力稳定、浆液饱满，在张拉压浆设备安装数据监控系统，管理人员可在后台实时掌握作业数据，并可进行数据回溯。钢绞线的展线采用专用展线车，钢绞线穿束采用穿束器，并对锚具及钢绞线进行标记编号，根据编号进行穿束、张拉。

5）应用二维码技术管理施工信息

在梁板统一位置安装二维码标识牌。二维码标识牌采用阳极氧化铝板激光刻印，可永久保存，内容包括构造物名称、部位及编号、生产日期、设计强度、班组负责人、张拉及压浆时间等文字记录和图片信息，实现二维码对预制梁板相关数据和信息的管理。

3. 标准化施工是手段

（1）建立数控机床集中生产线

按照"以设备保工艺，以工艺保质量，以质量保品质"的创建要求，太原东二环高速公路项目全面推行数控机床集中加工钢筋的工厂化生产模式，建立剪切机、弯曲机、滚焊机、车丝打磨一体机的流水线整体钢筋加工生产线，确保了钢筋加工件的标准化生产。

（2）推行标准化施工作业

太原东二环高速公路项目对小型混凝土预制件的施工质量，从材料、预制、施工等多环节进行了规范和要求，平台截水沟、排水沟、边坡急流槽、拱形骨架防护等小型预制件实行集中生产，打包配送至工地，有效控制了成品质量；围绕构造物品质提升，对全线混凝土涵洞通道等构造物墙身模板制作安装提出统一要求，明确了钢模板材质、颜色、拼装组合形式标准，有效保证了涵洞通道等构造物的内实外美。

（3）组织开展各项创建活动

太原东二环高速公路项目开展了以路基、涵洞通道、桥梁工程、防护排水工程等样板工程示范创建、班组作业规范化、专项整治行动为抓手的标准化施工系列创建活动，通过首件工程、样板工程引领，以点带面，形成通用标准；定期组织进行班组劳动竞赛，实施奖罚，极大地激励了一线作业人员的积极性和创造性。

（4）推进工程施工标准化

太原东二环高速公路项目立足于推进工程现代化组织管理模式，积极推广工厂化生产、装配化施工，着力推进施工工艺标准化、施工管理模式体系化、施工场站建设规范化，逐步推进工程建设向产业化方向发展。

（5）推进班组管理规范化

太原东二环高速公路项目建立健全施工班组管理制度，强化班组能力建设。加强施工技术交底，实行班前教育和工后总结制度。项目推行班组首次作业合格确认制，强化班组作业标准化、规范化和精细化。全面推行班组人员实名制管理，强化班组的考核与奖惩，夯实基层基础工作。

7.8 工程管理信息化

1.智能化监测

（1）推行质量安全管理信息化

采用监控和检测数字化、可视化与智能化技术在试验检测、隐蔽工程和关键部位施工中的应用。积极应用具有便捷、无损、数据自动采集与传输等特征的先进检测装备，对混凝土拌合站、沥青拌合站、沥青摊铺机等关键施工设备安装实时监测系统，实时采集、传输、跟踪和分析；通过路面施工自动化监控，对石料加工、拌合、摊铺碾压等进行监测和预警，实时监控施工质量；通过路基施工设备自动化监控，对压实度情况进行监测预警。

（2）试验室、拌合站采用智能数据采集系统

实现压力机、万能机等力学设备试验数据自动采集、实时上传、自动生成检测报告，减少了人为错误，提高了工作效率，从源头上保证了试验数据的真实性、准确性。动态采集混凝土生产配合比、原材料用量等数据，发现异常及时报警，做到了混凝土质量的事前控制。

推广工程结构受力变形自动化监测预警系统，实现对重要桥梁（与太旧高速、平阳高速、石太客专交叉的）、高边坡等重要结构物的实时监控和预警；试点实施（涧河特大桥）在桥梁梁板管养上采用现代光学传感技术对预应力损失、应力应变检测、挠度检测、支座变形等开展信息化监控，实现视频监控与大数据采集相结合。

2. 信息化管理

（1）推行智慧工地建设

一是工人生活区、拌合站、预制梁场、试验室、重要施工现场等实现 WIFI 全覆盖。二是视频监控设施建设，对于重要的施工现场（桥梁、枢纽、高填深挖路段、预制梁场、钢筋加工场等）、试验室重要设备（力学检测仪器等）等安装视频监控设备并实现数据实时回传建设单位监控中心。三是开发或利用现有软件实现定位打卡，加强对主要施工、监理人员的考勤管理。

（2）积极推进移动终端 APP 应用

移动终端 APP 将质量安全监测信息、预警信息，施工过程控制中质量安全隐患、文明环保问题的发现、通知、整改、反馈等流程在移动端闭合，提高管理的时效性。主要管理人员实现移动端考勤管理。利用企业微信、TIM（QQ）等通用软件，提高管理效率。并依托路桥集团 OA 办公系统，规范工作流程、提高公文传递速度、简化沟通程序，大幅提高工作效率。

（3）积极推广二维码应用

在文档管理、混凝土构件管理、主要原材料管理、实体工程信息等方面植入二

维码，快捷调取相关资料信息，指导现场施工。将二维码作为混凝土试块唯一标识，实现混凝土强度试验"盲压"，有效解决了数据造假的顽疾。自主研发了工序管理软件应用，每一道工序完成后，现场采集检验过程和成品影像，实时上传储存，保证了现场管理的真实性、准确性和质量责任的可追溯性。

3. 科技化应用

科技化应用主要体现在开展 BIM 技术的研究应用。太原东二环高速公路项目积极推广 BIM 技术协同、可视化的理念，利用倾斜摄影技术采集数据并处理，输出全线原地貌 3D 数字模型，结合工程建模形成 BIM 智慧工地三维展示系统，通过集成施工进度、质量、安全等专业模型，实现协同控制，协助山西路桥东二环高速公路有限公司形成有效决策和精细管理，直观快速地对工程施工环境、进展、工程实体进行展示。

太原东二环高速公路项目构建了 BIM 大数据决策平台、BIM 辅助管理平台二级信息化管理体系，将信息化贯穿设计优化、前期策划、建设管理、施工应用全过程，信息化管理、数据化决策、智慧化管控正在稳步推进，BIM 技术已经成为太原东二环高速公路助推"品质工程"创建的重要手段。

第 8 章　打造绿色品质工程企业软实力

　　软实力为绿色品质工程建设提供精神动力，在一定程度上促进了我国公路行业的快速发展。软实力是绿色品质公路可持续发展的前提和重要基础。山西路桥东二环高速公路有限公司围绕建设绿色高品质工程这一核心目标，通过提升企业在创建绿色品质工程中的软实力提升服务质量，从宣贯绿色品质工程理念、加强管理人员与一线工人队伍素质建设、实施品牌战略和深化项目党建工作攻关四个方面提升绿色品质工程企业软实力。

8.1　绿色品质工程企业软实力的概念及特征

8.1.1　绿色品质工程企业软实力内涵

　　"软实力"的概念诞生于国际关系领域。软实力是相对于硬实力而说的，而硬实力和软实力互为前提、补充和转化。如果说硬实力是一种有形的实力，是主要以有形的手段和工具达到目的的能力，经济实力、军事实力、硬技术实力、硬环境和硬性资本实力等组成一国的硬实力；而软实力是一种无形的实力，是以硬实力为背景，但是不直接使用硬实力而达到目的的能力。

　　对于企业软实力，不同学者和企业管理者对其有各自的定义。袁哲（文献[97]）将企业软实力定义为一种相对于硬实力而言的无形的、非物化的、依赖于资源载体而存在的能力，是具有吸引和影响利益相关者及其他社会客体以实现企业可持续发展的能力，它对于企业发展具有重要意义。金周英（文献[98]）认为软性资本的潜力，软技术创新能力，软环境的应变、创造和创新能力形成软实力的三大核心（或软实力的三大资源），而这三者的集成和集成能力形成了一国或一个企业的软实力。张健（文献[99]）认为企业"软实力"是相对于硬实力而言的非物化要素，是整合和运用硬实力的能力，是企业发展的不可缺少的支撑要素，是最终实现企业运营效能最大化的关键能力。黄国群、徐金发等（文献[100]）认为，企业软实力是企业主体通过对企业特定资源的占有、转化和传播，以吸引企业利益相关者等客体，获取他们的价值认同，使他们产生企业所预期的行为，最终达到企业目的的一种能力。

提升绿色品质工程企业软实力本质是提升企业在创建绿色品质工程中的软实力。绿色品质工程企业软实力就是相对于硬实力而言的无形的、不可见的非物化因素，企业主体通过对工程特定资源的占有、转化和传播，以吸引利益相关者等客体，获取他们的价值认同，使他们产生企业在绿色品质工程中所预期的行为，最终达到目的的一种能力，例如体现在企业文化、管理模式、创新、品牌、党建等方面的要素。

8.1.2 绿色品质工程企业软实力特征

1. 非物质性

软实力是相对于硬实力而言的实力体系，是一种无形的、非物质力量。企业软实力必须建立在企业硬实力的基础之上，它依赖于各种资源和要素而存在和发展。任何企业的发展必须首先占有一定资源，只有通过资源占有使自身硬实力获得一定积累，企业才有可能获得内部的凝聚力、创新力、责任力等软实力并向外辐射和传播，进而形成对外的影响力、吸引力和同化力等软实力。企业资源特别是各种软资源和硬实力是企业软实力发展不可或缺的支撑要素，离开了各种资源，没有硬实力的匹配，企业软实力无法存在或持续。

2. 价值性

软实力是一种资本或者资产，它具有价值，企业对软实力进行投资，可获得价值的回报。企业软实力的价值特征表现在两个方面：第一，在企业内部，企业软实力能降低成本、提高效率和创造价值，企业软实力能为企业创造超过同行业平均利润的超值利润和价值，并显著提高企业的运营效率。第二，在企业外部，企业软实力能实现企业对顾客所特别注重的价值，能给企业的目标顾客带来独特的价值和利益。企业软实力在给用户创造价值方面具有核心地位，特别有助于实现用户所看重的核心价值。当然，用户价值除了体现在核心价值上外，还应包括企业对用户价值的维护、增值和创新，创新是资源整合的灵魂，价值创新是企业软实力的最高形态。

3. 独特性

独特性又称"异质性"。一个企业的软实力是企业独一无二的、具有自己特色的、没有被当前和潜在的竞争对手所拥有的实力。企业软实力的独特性，决定了企业之间的异质性和效率差异性，它是解释一个企业是否具有竞争优势和获得成功的关键因素。作为特定企业的个性化产物，企业软实力是企业在其长期的经营活动和管理实践中，以独特的方式、沿着特定的技术轨迹逐步形成和积累起来的，它不仅与企业独特的技能与战略等技术特性高度相关，还与企业的组织管理、市场营销、品牌、创新、战略以及企业文化等诸多方面有密切的关系，它是很难被竞争对手完全掌握而轻易复制，更难进行市场交易。

4. 难以复制性

软实力的独特性，决定了企业软实力具有不可模仿、难以复制性和难以被替代的特征。企业的综合竞争力既包括资本、技术、装备、人才、土地等生产要素组成的硬实力，也包括企业文化、管理模式、社会责任、品牌、服务、创新、战略等体现出来的软实力。硬实力的获取非常容易，但要复制一个企业的文化、管理模式、社会责任、品牌和服务、创新等资源则非常困难，而企业软实力是以这些要素或资源为载体的，要模仿和复制则是难上加难。企业软实力作为企业的无形资产，是企业在长期的生产经营活动过程中积累形成的，具有典型的路径依赖性，是支持企业建立竞争优势的战略资源，尽管其他企业可以学习和借鉴，但其本质难以模仿和复制。

5. 辐射性

辐射性也称"传导性"或者"延展性"。企业软实力有向核心竞争能力→核心技术→核心产品→最终产品辐射和延展的能力，这种能力可以为企业衍生出一系列的新产品和新服务，以不断满足客户的当前和潜在需求。这种需求可使企业能够在原有的竞争领域中保持持续的竞争优势，企业不一定需要在软实力的每个方向上平均用力，而只需要强调软实力的某些或者某个维度就可以。而且企业也可围绕软实力进行相关市场的拓展，通过企业软实力的辐射性或延展性，向新的领域积极开拓，通过创新获取市场领域和持续竞争优势。

6. 动态性

企业软实力是在企业获取和占有资源并使自身硬实力获得积累的基础上逐渐形成的，它具有动态性。企业若想长久保持强大的软实力优势，就必须对其进行持续的创新、发展和培育，要根据产业的发展方向、管理的更新趋势以及企业自身软硬资源的发展状况，对企业的软硬资源重新进行集成与整合、与时俱进、动态调整。

8.1.3　绿色品质工程企业软实力提升路径

1. 宣贯绿色品质工程理念

太原东二环高速公路项目树立"四节一环保"观念，增效节能减排。临时施工用地的选择与布置，尽量减少占用绿地面积，因地制宜采取措施控制对耕地和基本农田的占用，保护好周围环境，减少对植被生态的破坏。施工结束后，尽早恢复绿化或整理复耕，重视临时施工用地的复垦工作。落实文明施工，严控施工废水、弃渣、扬尘、油污等对周边环境的污染。开展对生态敏感（脆弱）区域（如水库、湿地等）的重点监测，真正做到"不破坏就是最好的保护"。

2. 加强人员队伍素质建设

项目组制定《班组作业标准化管理办法》并实施，定期对班组进行考核，实行班组首件认可制，从规范操作、工艺技能、成品质量等方面评判，推行作业合格确认制和清退制度、"6S"管理制度。建立一线工人岗位考核、培训教育制度，推行师徒制模式。充分搭建技术比武平台、技术管理创新平台、开展项目大讲堂，提升全体管理人员和一线工人的能力水平。大力弘扬和培育"工匠精神"，不断强化高技能人才、考评员、技能技工型人才队伍建设，积极开展学技术、练技能活动，营造"尊重劳动、尊重知识、尊重人才、尊重创造"的浓厚氛围，促进技能人才队伍建设。

3. 实施品牌战略

太原东二环高速公路项目将绿色品质工程作为工程项目和企业创建品牌的重要载体，引导企业把绿色品质工程作为自身信誉和荣誉的价值追求。建设单位（项目公司）、监理单位、施工单位（总承包单位）既要明确定位，落实责任，又要牢固树立大局意识，通过打造绿色品质工程，提升中国交通和企业品牌形象，增强企业核心竞争力。

4.深化项目党建工程攻关

党建是决定成败的"总开关"，要把握国有企业党建工作要求，紧密结合工程建设特点，统筹推进党建工作和项目建设的深度融合。同时，需抓好党风廉政建设，时刻抓教育，将廉政教育与工程建设同步安排，明确纪律，落实党风廉政建设领导体制和工作机制，切实把党风廉政建设工作作为工程建设管理的重要内容。

8.2 宣贯绿色品质工程理念

绿色品质工程理念是在科学总结我国公路水运建设成功经验的基础上，利用现代工程的管理理念对工程建设发展规律认识的再次凝练和升华。推进绿色品质工程创建，需要全员参与、全面开展、全力实施，所有参建人员要牢固树立崇尚质量、精益求精、匠心建造、追求卓越的工程建设理念，弘扬工匠精神，做到"服务好、计划好、规范好、监督好、落实好"的要求，将绿色品质工程做实做细，突出实践特色，努力打造绿色品质工程，加强绿色品质工程理念宣传，营造人人关心绿色品质的浓厚氛围，使绿色品质工程深入人心，具体表现如下：

（1）组织开展多种形式的培训活动

太原东二环高速公路项目以集中讲解、班前宣讲、班后总结、农民工夜校等方式，使各级管理人员特别是一线作业人员深入了解绿色品质工程的内涵和外延，更加注重工程内在质地和外在品位。号召广大建设者弘扬"工匠精神"，对自己的产品精雕细琢，精益求精。各施工、监理单位应制定"绿色品质工程"培训学习计划，在创建活动周期内，确保月月有主题、人人有收获。

（2）组织开展形式多样的研讨会、评审会、现场观摩会

太原东二环高速公路项目组织参建单位主要管理人员采取"走出去、请进来"的方式，广泛了解省内外"绿色品质工程"创建示范项目的办法举措，对标一流、学习一流、成为一流。组织有关专家对太原东二环高速公路"绿色品质工程"建设

的具体方法进行评审，集思广益，最大程度做到费用最优、效果最好。组织开展建设项目之间、合同段之间、班组之间的现场观摩交流活动，学习先进、互通有无、相互促进。

（3）开展标准化工地建设

以山西路桥建设集团有限公司视觉识别系统为依托，编制太原东二环高速公路临建标准化建设指南，对临时驻地、工地试验室、拌合站、预制梁场等的标识基本要素进行规范，对各单位办公形象要素进行统一，对临建选址、建设标准、消防、安全、环保等提出明确要求，展示太原东二环高速公路"绿色品质工程"对外形象。

（4）开展形式多样的宣传报道工作

项目强调各单位要加强绿色品质工程创建活动的宣传力度，指定专职部门专人负责采集本单位在创建活动中涌现的先进事迹和优秀典型，创建过程中好的做法、想法思路等，通过报纸、网络、微信、QQ、现场张贴悬挂标语海报等方式，对外宣传太原东二环高速公路"绿色品质工程"建设先进事迹、团体、班组、人物、具体举措，对内宣贯"绿色品质工程"理念及各兄弟单位具体工艺工法等，营造有利于示范创建活动的舆论氛围。

山西路桥东二环高速公路有限公司通过以上各种措施，积极培育以提升质量、保障安全为核心，以人为本、精益求精、全心投入为主要特征的绿色品质工程文化，积极推动全员参与绿色品质工程创建活动，形成人人关心绿色品质、人人创造绿色品质、人人分享绿色品质的浓郁的文化氛围。

8.3 加强人才队伍素质建设

8.3.1 加强管理人员素质建设

管理人员的素质直接影响到企业和员工的发展，影响到企业战略目标的实现。管理人员在公路建设中，存有主动性的特点，公路工程企业应该提高管理人员的管理水平，发挥管理人员的主动性。

山西路桥东二环高速公路有限公司为加强管理人员素质建设，建立和完善了企业学习、培训制度，对企业的各种管理人员进行分期分批学习，切实提高企业管理人员的整体素质，让每一位管理人员都树立终身学习的理念，打造企业的核心竞争力；针对一些管理人员服务意识淡薄的问题，山西路桥东二环高速公路有限公司大力开展了反对"四风"的教育活动；各参建单位加强了人才培养制度建设，强化管理人员岗位考核；开展了职业道德教育、专业技能培训等活动；创新人才激励与保障机制，拓宽人才上升通道；鼓励参加各类继续教育，提升管理能力，着力培养和锻炼一支具备现代工程管理能力、专业技术良好、职业道德高尚的工程管理骨干队伍。

8.3.2　加强一线工人素质建设

精品工程，出自工匠。严谨的工匠精神是企业在长期竞争中求得生存的保障，只有把工匠精神发挥得淋漓尽致，才能拥有竞争的优势。

山西路桥东二环高速公路有限公司以"重塑现代班组,彰显工匠精神"为指导，以坚持管理和技术的传承与创新为支撑，以夯实三基工作（基层、基础、基本素质）为抓手，贯彻执行班组作业标准化管理制度。在班组作业下，班组工人实名制，实现责任到人，通过组织教育培训提升班组人员安全与质量意识，实施班前教育和工后总结制度等具体措施，实现了作业标准化。

项目实施期间，各施工单位推进班组管理规范化，建立健全施工班组管理制度，强化班组能力建设。班组通过组内推动"进场培训、上岗必考、合格方用"的培训考核制度，执行班组培训制，采取技术讲课、技术问答、现场培训、技能帮扶、师带徒、实操演练、事故演习、技能比武、事故分析、安全学习等方式，不断提高工人的公共技能、专业技能和岗位技能，推进"农民工"向"产业工人"转型。同时，项目实施期间执行班组人员持证上岗制，特种岗位（电工、焊工等）要确保证件有效期；通过首次作业合格确认制和不合格班组清退制，提高班组的作业水平；实行班组"6S"管理（整理—SEIRI、整顿—SEITON、清扫—SEISO、清洁—SEIKETSU、素养—SHITSUKE、安全—SAFETY）和六步走的班组管理措施（图8-1），提高了班组管理水平。

上述中的班组"6S"管理即指对工作现场各要素所处的状态,不断地进行整理、整顿、清扫、清洁、提高员工素养和安全意识的一种管理方式。这种管理方式有助于消除企业在生产过程中可能面临的各类不良现象。班组是企业最基本的生产单位、

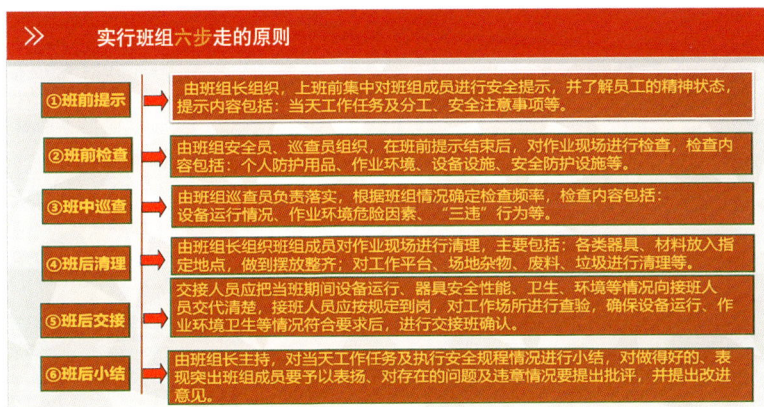

图 8-1　班组六步走原则图

也是各项企业管理工作的最终落脚点，所以，班组管理的好坏直接关系到企业的执行力和竞争力，关系到企业生产任务的完成和各项经济指标的实现。这样的管理理念为班组创造的是一个"人文校园、和谐家园、平安乐园"的工作环境和生活氛围。班组"6S"管理涵盖的意义十分丰富，与其他管理关系紧密，主要有以下三个关系：

（1）与质量管理的关系。"6S"管理通过对现场区域整顿、定置管理和对现场区域的清扫、清洁管理来达到提高设备健康水平的目的。

（2）与生产管理的关系。"6S"管理通过对现场设备、工器具、资料图纸定置管理，达到不断提高工作效率、提升班组的凝聚力和战斗力的目的。

（3）与成本管理的关系。"6S"管理通过整理活动，可消除不必要的物品，增补必要的，规划物资采购，控制成本。

推行班组"6S"管理主要从以下三方面实施：

（1）持续本质安全建设，夯实安全生产基础

在安全生产方面，班组建设要始终秉行先进的安全管理理念，不断学习与借鉴各个优秀企业、优秀班组的安全管理方法，以"强三基"为抓手、以"反三违"为重点、以"严问责"为保障，积极发挥好安全生产两大体系的合力作用，不断夯实安全生产基础。在设备管理上，充分利用机组各个大小检修和实施技术革新、重大改造项目的机会，在认真总结好以往检修经验的基础上，做到早策划、细布置、严管理、重落实，使班组在整个检修质量、进度、费用、文明生产各个方面得到较好控制。

（2）做实体系标准化工作，提高执行力建设

为了在一定范围内获得最佳秩序，对现实问题或潜在问题制定共同使用和重复使用的条款的活动叫作标准化。班组应持续推进体系、标准化工作。将体系、标准化与日常管理工作有效融合，加强标准执行情况的日常监督检查。通过这些工作，不断提高员工对体系、标准化重要性的认识，提高班组的执行力水平。企业可为标准体系的持续改进建立奖励机制，以激励和推进班组全员参与标准化活动。班组应积极参与每年度的标准化培训。培训形式，包括参加标准化会议、学习班，到外单位参观、学习等标准化培训。"6S"管理中整理、整顿、清扫、清洁就是一个标准化的形成。

（3）提高人员素养，彰显团队精神

一个优秀的班组，其成员必须是具有扎实的业务技术知识或班组管理专业知识，因此必须转变观念，增强改革意识、创新意识、竞争意识，着力提升员工素质。要积极创造一种能多出人才、出好人才的良好机制和制度，提供丰富的培训载体，激发他们的学习热忱。加强在实际工作中发现人才、在使用中评价人才、在干事创业中造就人才，全面夯实选人用人基础，努力做到事得其人、人尽其才、才尽其用，更应注重提升班组成员的一种团队意识。团队精神就是以团结协作、优势互补为核心，以奉献精神为境界，以和谐的人际关系和良好的心理素质为基础。班组管理中正需要有这样的团队。

8.4 实施品牌战略

8.4.1 以目标引领树立品牌之路

围绕党的十九大提出的"交通强国、质量强国"战略目标，按照交通运输部做出的"绿色品质工程"示范创建部署要求，太原东二环高速公路站在山西交通改革发展的新起点，抓好顶层设计，围绕打造"绿色品质工程"、创建绿色公路、争创"鲁班奖"的三大目标，提出了"平安、绿色、智慧、廉洁、品质"的建设理念和"创新、创先、创优，精心、精细、精准"的管理理念，贯彻落实好绿色品质工程要求，打造山西公路建设市场的"路桥品牌"。

8.4.2　抓品牌的转化，注重形象效应

山西路桥东二环高速公路有限公司将"绿色品质工程"创建作为打造山西路桥集团品牌的重要载体，积极寻求山西路桥集团公司在人才、技术、资源各方面的支持，要求建设单位（项目公司）、监理单位、施工单位（总承包单位）既要明确定位、落实责任，又要牢固树立大局意识，戮力同心，通过打造太原东二环高速公路"绿色品质工程"，提升山西路桥集团企业形象，增强企业竞争力，弘扬企业家精神和工匠精神，提高决策者、经营者、管理者、生产者质量意识和质量素养，打造质量标杆企业，推动企业质量管理水平和企业效益的提高。在追求质量、追求效益的同时，山西路桥东二环高速公路有限公司力争在同行业中通过对服务品牌的树立与转化，通过对综合效应的进一步提升，从而树立"绿色、品质"的对外服务形象。

8.4.3　抓品牌的活化，注重竞争效应

山西路桥东二环高速公路有限公司激活品牌，挖掘自身已形成的品牌潜能，使其发挥自身的扩散功能，创造更多的有形资产。为激活企业品牌，需要引导企业提升产品和服务附加值，形成自己独有的比较优势。为此，山西路桥东二环高速公路有限公司开展区域品牌培育，创建质量提升示范区、知名品牌示范区；同时，建立和完善品牌建设、培育标准体系和评价体系；其次，推动品牌评价国际标准化工作；最后，开展"品牌日"活动，不断凝聚社会共识、营造良好氛围、搭建交流平台，提升品牌的知名度和信誉度。通过对自身信誉和荣誉的价值追求，把打造绿色品质工程作为自觉走向市场竞争、激活服务品牌的重要举措。

8.5　深化企业党建工作攻关

8.5.1　统筹推进党建工作和项目建设深度融合

山西路桥东二环高速公路有限公司党委以习近平新时代中国特色社会主义新思想为指引，牢牢把握国有企业党建工作要求，紧密结合工程建设特点，统筹推进

党建工作和项目建设的深度融合。太原东二环高速公路全线 9 个监理、施工单位全部组建了临时党支部；同时，"党建活动"以电子照片墙的形式全程记录（图 8-2），以促进工程建设，督促党建活动全方位落实。

山西路桥东二环高速公路有限公司为统筹推进党建工作和项目建设的深度融合，将"支部建在项目、党旗插在工地、党员冲在一线"纵深推进到工地。制定了"三基建设"实施方案，明确工作任务，规定完成时限；开展了选树"工匠精神典范"、创建"先锋示范岗"等活动，党建思想政治工作与"绿色品质工程"建设在项目中实现了无缝衔接。同时，项目还开展了标准问题讨论等专项整治活动和创先争优活动，查摆问题，对照整改，有效地补齐了管理短板，加快了"同责同心同创"绿色品质工程文化内涵落地。

图 8-2　山西路桥东二环高速公路有限公司"党建活动"图

8.5.2　抓好企业党风廉政建设

党风廉政建设需要时刻抓教育，深入学习《中国共产党廉洁自律准则》和《中国共产党纪律处分条例》，使人坚定理想信念，补足精神之钙，防止思想懈怠，让广大参建者心存敬畏，守住底线；推进"两个责任"深入落实，将廉政教育与工程建设同步安排，时刻警醒参建人员增强"用权受监督，越权要负责，违法受追究"的意识；明确纪律，细化中央、省、市各级廉政建设规定，明确什么能做什么不能做，做到一切工作程序严谨、公开透明，在阳光下接受监督。

山西路桥东二环高速公路有限公司从正式成立之日至今，始终按照"党委统一领导，党政齐抓共管，纪检组织协调，部门各负其责，一级抓一级，层层抓落实"的党风廉政建设领导体制和工作机制，切实把党风廉政建设工作作为工程建设管理的重要内容，建立了项目廉政工作领导体制和组织机构，公司和各项目部均明确了专人负责项目廉政工作，确保党风廉政建设在项目建设一线"有人抓、有人管"。党风廉政建设在太原东二环高速公路项目中有以下四个方面的体现：

（1）认真贯彻落实党风廉政建设"两个责任"。建立完善党风廉政建设责任体系。逐级签订党风廉政目标责任书。各类经济活动合同都签订了廉洁合同，持续加强作风建设。巩固党的群众路线教育实践活动、"三严三实"专题教育、"两学一做"学习教育成果，认真贯彻落实中央"八项规定"精神，防范并严肃查处各种隐形变异的"四风"问题，坚决防止"四风"反弹回潮。山西路桥东二环高速公路有限公司党建及党风廉政建设专题会议如图8-3所示。

图8-3　山西路桥东二环高速公路有限公司党建及党风廉政建设专题会议图

（2）严肃党内生活，强化党内监督。坚持党的组织生活各项制度，创新方式方法，增强党组织生活活力。认真执行党委中心组集中学习制度，坚持"三会一课"制度，开展党员谈心谈话，对党员进行民主评议，定期组织召开民主生活会和组织座谈会。加强对领导人员的权力使用、领导班子贯彻党的路线方针政策和国家法律情况的监督，同时加强对领导班子成员履行党风廉政建设"一岗双责"情况进行监督。

（3）扎实开展廉政风险防控工作。山西路桥东二环高速公路有限公司把廉政风险防控工作的开展作为当前的一项重要任务，高度重视，加强领导，精心组织，周密安排，做到思想认识、组织领导、责任落实、制度落实、监督检查五个到位，确保廉政风险防控工作有序高效开展。依托建设项目特点，突出重点部位，狠抓关键环节，梳理工作流程，查找风险点，制定相应的防控措施，建立"权力监督、风险防控、阳光运行、廉洁高效"的风险防控体系。

（4）严肃查处顶风违纪的行为和腐败问题。重视信访举报工作，畅通工作渠道，设立举报箱、举报电话、网络平台等信访渠道，及时掌握各类问题线索。坚持挺纪在前、抓早抓小，保持力度不减、节奏不变、尺度不松，履行纪委监督执纪专责。严肃查处发生在群众身边的不正之风和腐败问题，保持正风反腐的高压态势。

第9章 总结及成果推广

9.1 总结

本书对太原东二环高速公路在品质工程建设中所积累的优秀经验进行了总结和提炼，对绿色品质公路建设的设计理念、技术创新、交旅融合服务区建设、智慧公路建设、铸就卓越管理、企业软实力建设等方面的经验进行了归纳。

在绿色公路设计方面，太原东二环高速公路项目通过强化绿色设计理念，优化设计方案，从源头上解决了施工面临的一些困境；通过落实环保、水保"三同时"制度，对工程建设的重点环节和实施内容采取"四节一环保"措施，节约了资源，加强了沿线的生态环境保护；围绕绿色公路示范创建要求，做好生态恢复、资源合理利用、节能减排等工作；此外，打造绿色公路，需进行生态环境监测，以保障绿色公路目标的实现。

在绿色公路技术创新方面，山西路桥东二环高速公路有限公司全力开展质量技术、微创新及四新技术应用攻关，通过先进公路技术的应用共获得10项省部级优秀质量管理成果、5项省级优秀工法成果、3项专利；通过微创新及四新技术的应用获得30项微创新成果；通过绿色公路技术的应用建设了"耐久高效型"和"科技创新型"的绿色公路。

在交旅融合服务区建设方面，鹿泉山服务区项目着力实现交旅融合的三重价值，以交通＋旅游融合的方式进行开发建设，引领山西高速公路服务区交通旅游创新，成为展现地域特色文化的有力窗口，配合周边著名景区，吸引和集散客流、自成旅游目的地，带动山西省全域旅游发展。

在智慧公路建设方面，山西路桥东二环高速公路在全省率先探索、总结了一套"BIM+"公路建设管理模式。该模式建立了包含工程设计板块、建设管理板块、施工管理板块和运维管理板块的 BIM 技术应用体系。山西路桥东二环高速公路有限公司开发完成了高速公路 BIM 电子沙盘，构建了投资管理、质量管理、进度管理、安全管理、电商平台等业务模块，依据建设过程的动态协同自动形成汇总管理数据，实现了投资管理、质量安全巡查等管理要素随工程建设状况的动态化集成，形成了基于 BIM 的数字资产管理的大数据系统。

在铸就卓越管理方面，山西路桥东二环高速公路有限公司积极贯彻交通运输部"平安交通"安全创新典型案例和山西省交通运输厅平安交通三年攻坚行动（2018—2020 年）部署要求，通过构建安全生产管理"五大体系"，落实"十个一"安全举措，深入推进"平安工地"创建工作；以交通运输部品质工程评价标准和省交通运输厅攻关行动试点方案为依据，深入贯彻落实山西路桥集团"改革创新、对标提升"活动的部署要求，扎实开展质量和技术管理工作，通过抓班组、抓首件、抓工序及信息化手段，实现传统建造到智能建造的转变，推进品质工程落地；围绕建设、监理、施工三方权责，将管理机制创新、精细化管理和标准化建设及工程管理信息化贯穿于工程建设各个环节。

在打造绿色品质工程企业软实力方面，山西路桥东二环高速公路有限公司在追求安全、进度、质量和效益的同时，注重软实力的提升，在公路建设中充分体现美观、绿色、协调、舒适、创新、节能等理念。通过组织开展形式多样的培训活动、研讨会、宣传报道等，宣贯品质工程理念。同时，注重管理人员与一线工人的队伍素质建设，采取了一系列措施弘扬三晋工匠精神，实施品牌战略，强化了项目党建工作创新，培养了独有的技术体系和文化特征，形成核心竞争力，打造了路桥品牌。

9.2 展望

本书以山西路桥东二环高速公路项目为例，总结了绿色品质公路的创建成果。在绿色品质公路的创建过程中，应以绿色为导向，以技术为驱动，充分发挥"党建+"

在工程建设过程中的引领作用。

1. 推动绿色建造

绿色品质公路的建设，要集中体现于工程项目的策划、设计、建造施工和运维管理，要最大限度地节约资源、保护环境。企业应积极推进绿色施工，将其作为工作的着力点。这既是工程建设行业高质量发展新时代的客观要求，也是促进公路建设企业铸就精品、提高效益、打造品牌的有效途径。

2. 发挥技术标准的引导作用

鼓励以技术标准促进科技成果转化应用，将成熟、先进、适用的创新成果及时引入技术标准，并积极纳入相应的行业标准。

3. 加强"BIM+"技术推广队伍的建设力度

"BIM+"技术推广工作需要专业的人员负责，相关部门需要重视"BIM+"技术推广的队伍建设，无论是从理论层面还是技术层面上都需要不断提升管理的力度，从而为"BIM+"技术的推广工作质量提升奠定良好的基础。

4. 开展技术交流

定期或不定期的以培训、研讨会、技术沙龙、展会等形式开展专题技术交流，及时交流总结和宣传推广技术成果。围绕重点热点领域及时开展技术交流，使行业和公众能够更好地理解和支持绿色品质公路工程技术创新。

5. 积极推进党建工作

绿色品质工程的建设过程中，要围绕中心抓党建，紧扣工程质量、工程进度、技术创新、安全生产四方面，创新项目管理，促进党建与生产深度融合。同时，要依靠党建工作，加强责任落实、加强沟通协调、完善共建机制、加强总结宣传，以党建工作维护班子团结，有效激发团队的政治意识、大局意识和合作意识。

参考文献

[1] 王勇．绿色品质公路路线设计方案比选研究 [J]．绿色环保建材，2019，（08）：111+4.

[2] 周勇．绿色公路理念下的高速公路环境保护关键技术探究——以潮（州）–惠（州）高速公路 A3 合同段为例 [J]．中外公路，2019，39（01）：303–306.

[3] 邓东德，章玉．新时代公路行业环境保护的发展思路 [J]．交通节能与环保，2020，16（02）：64–66.

[4] 董志明，范琪，黄景林．广东惠清高速公路隧道品质工程设计探讨 [J]．公路，2019，64（08）：249–254.

[5] 杨星．走近绿色公路 [J]．中国公路，2017，（24）：14–17.

[6] 刘四昌．公路总体设计的地质选线思路、原则与方法 [J]．成都理工大学学报（自然科学版），2017，44（04）：417–424.

[7] 曹宽．浅析特殊路基处理措施 [J]．黑龙江交通科技，2013，36（03）：30–32.

[8] 张东升．高性能混凝土在公路桥梁建设中的应用 [J]．江西建材，2016，（14）：169–171.

[9] 孙春虎，谢展，袁福银．探究绿色环保技术在高速公路施工中的应用 [J]．公路，2020，（06）：252–254.

[10] Zhang D，Wang Z，Liu Z，et al. Research on application of highway green construction technology[J]. IOP Conference Series：Earth and Environmental Science，2019.

[11] 王怀雄，陈辉．一种公路养护工区集雨节水设施 [J]．中国标准化，2019，（14）：

106-107.

[12] 李景丰，薛峰，李昌虎．徐明高速公路环保节约设计理念的探索与实践 [J]．公路交通技术，2013，（02）：145-146.

[13] Chao C，Hui L，Qinghua H，et al. Research and application of intelligent power supply of Huadu to Donguan highway [J]. IOP Conference Series：Earth and Environmental Science，2019.

[14] 王武生．绿色公路建设理念在长益高速公路扩容工程中的应用 [J]．中外公路，2019，39（01）：299-302.

[15] 徐一鸣，杨红军．广梧高速公路环保型施工技术措施 [J]．公路，2010，（02）：176-178.

[16] 张成都，刘昌智．永临结合建设理念在公路工程中的应用探析 [J]．公路交通科技（应用技术版），2019，15（08）：277-279.

[17] 李铁军，张羽．鹤大高速绿色公路建设施工管理实践 [J]．公路，2016，61（06）：6-10.

[18] 徐亮，宋明星，陈思维，等．浅谈高速公路美丽服务区的建设思路 [J]．交通节能与环保，2019，15（02）：81-82.

[19] 赵瑾．高速公路企业降本增效途径的探讨 [J]．交通财会，2015，（12）：60-63.

[20] 杨广来，易文成．高等级公路半刚性沥青混凝土路面非荷载型裂缝防治浅议 [J]．公路，2006，（01）：99-101.

[21] 范潜，段掌玺．浅析绿色公路设计理念及应用 [J]．黑龙江交通科技，2020，43（04）：18-19.

[22] 杨晓武．高速公路"零污染"路面施工方案研究 [J]．价值工程，2017，36（21）：53-55.

[23] 邝宏柱．景婺黄高速公路典型示范工程建设理念 [J]．公路，2006，（01）：96-99.

[24] 马佳平，王宏亮，田文凯，等．公路项目环境监理工作要点探析 [J]．环境保护，2014，42（05）：56-57.

[25] 饶克夏．"四新技术"在公路工程中的应用 [J]．中国新技术新产品，2018，（15）：108-109.

[26] 龚永灿，曾明刚．业主管理提升公路桥梁施工品质 [J]．公路，2019，64（09）：

173–176.

[27] 纪鑫和 . 浅谈"四新"技术在安徽省高速公路养护中的运用 [C]. 中国公路学会养护与管理分会第八届学术年会，中国福建厦门，2018.

[28] 袁春毅，谷志文 . 公路建设项目技术创新后评价研究 [J]. 中外公路，2009，29（04）：428–430.

[29] 张春贤 . 加强交通行业技术创新、促进产业升级的思考 [J]. 中国软科学，2000，（08）：1–4.

[30] 黄佳生 . 公路交通科技创新的目标及对策 [J]. 公路与汽运，2002，（04）：65–66.

[31] 周正祥 . 公路交通科技创新目标及对策 [J]. 中国科技产业，2004，（05）：50–51.

[32] 兰晶 . 河南公路建设中的技术创新及其政策研究 [D]. 武汉：华中科技大学，2008.

[33] 黄学文 . 践行绿色公路 助推高质量发展 [J]. 中国公路，2019，（15）：26–27.

[34] 张德华 . 践行绿色交通 推进公路转型发展 [N]. 2016–07–25.

[35] 谢君，王凯 . 浅析"互联网 +"背景下的公路施工质量管理 [J]. 公路，2017，62（09）：216–219.

[36] 曹福庭 . 论公路工程施工质量管理 [J]. 山西财经大学学报，2011，33（S3）：152.

[37] Abd EL Halim A O，ABD EL HALIM A E H O，Easa S M. Advancements in research and development [M]. 2009.

[38] 谭瑞梅，朱琛 . 养护新技术的推广与应用 [J]. 公路，2012，（05）：308–311.

[39] 刘炳辉 . 漳龙高速公路桥面防水层的设置与实施 [J]. 公路，2002，（04）：5–8.

[40] 郑淑峰 . 探讨预应力技术在公路桥梁工程施工中的应用 [J]. 施工技术，2016，45（S1）：327–328.

[41] Recupero A，Spinella N，Colajanni P，et al. Increasing the capacity of existing bridges by using unbonded prestressing technology：a case study[J]. Advances In Civil Engineering，2014.

[42] 张勤学，闻洋 . 钢结构在软土地基公路桥梁耐久性设计与施工中的应用 [J]. 公路工程，2017，42（05）：348–351，72.

[43] Qinghua H，Weijie Y，Hui L，et al. Consideration and discussion on green highway construction in urban area[J]. IOP Conference Series：Earth and Environmental Science，

2019.

[44] 唐红，王浩，朱传斌.绿色施工技术在武汉二环线工程中的应用[J].施工技术，2013，42（22）：23–26，44.

[45] Colangelo F. Effect of earthquake statistically correlated vertical component on inelastic demand to regular reinforced–concrete frames [J]. Engineering Structures，2020.

[46] 时晓鹏，焦驰宇，鲁子明，等.公路桥梁钢筋混凝土墩柱地震损伤破坏研究综述[J].工程抗震与加固改造，2018，40（01）：65–71.

[47] Zheng H. Refinement management based on Informatization in Highway and Bridge firms [M]. International Conference on Management Science and Engineering，2010.

[48] 谢清文.浅析"交通＋旅游"融合发展与人才建设——以福建省武平县为例[J].就业与保障，2020，（04）：24–25.

[49] 王慧娴."快旅慢游"新格局下的旅游交通发展[J].旅游研究，2017，9（04）：8–10.

[50] 李博.高速公路主题型服务区景观设计研究[D].重庆：西南大学，2017.

[51] 范延贺，杨世玲，夏程意，等.交旅融合下旅游型服务区建设研究[J].合作经济与科技，2020，（08）：40–41.

[52] 党高峰，巴可伟，胡铁山，等.基于"交通＋旅游"理念的高速公路服务区方案研究[J].交通世界，2019，（27）：7–9.

[53] 黄德欢."花山服务区＋旅游"让出行更美好[J].中国公路，2019，（18）：76–77.

[54] Wang D. Study on the construction technology of visual environment in highway Tourism Service area [J]. IOP Conference Series：Earth and Environmental Science，2020.

[55] 蔡左宁，贾文丽.打造旅游型服务区？要得[J].中国公路，2019，（02）：24–25.

[56] 韩英荣.高速公路服务区建设与运营管理模式研究[J].青海交通科技，2019，（01）：17–20.

[57] 张莹莹.交旅融合理念下辽宁省高速公路服务区转型设计研究[J].住宅与房地产，2020，（33）：85–86.

[58] 党高峰，巴可伟，邓丽娟.基于交旅融合理念高速公路新型服务区选址探讨——以武汉至南昌高速公路湖北大冶服务区为例[J].华东公路，2019，（02）：106–108.

[59] 兰波. 关于阆中新服务区建设的几点思考 [J]. 西南公路，2018，（02）：54-56.

[60] 汪龙祥. 佛山市城市轨道交通 3 号线工程 3202-1 标 BIM 技术应用 [J]. 中国港湾建设，2020，40（04）：74-78.

[61] 何奕超. 基于关键路径法的公路工程施工项目管理分析 [J]. 工程建设与设计，2020，（10）：237-238.

[62] Zhao L，Liu Z，Mbachu J. Highway alignment optimization：an integrated BIM and GIS approach [J]. Isprs International Journal of Geo-Information，2019，8（4）.

[63] 万万，张盈. 智慧高速公路的总体架构 [J]. 工程建设与设计，2020，（08）：273-274.

[64] 姜萌. 物联网 +BIM 在工程运维管理中的应用 [J]. 建材与装饰，2020，（09）：149-150.

[65] 王军. 公路工程管理模式的创新与应用探析 [J]. 地产，2019，（19）：103.

[66] 崔雪薇. 技术驱动智慧高速未来——2018 中国智慧高速公路技术峰会在北京举行 [J]. 中国交通信息化，2018，（11）：24-25.

[67] 鹿传洪. 刍议高速公路运营安全管理体系 [J]. 门窗，2019，（10）：192-194.

[68] Alkaissy M，Arashpour M，Ashuri B，et al. Safety management in construction：20 years of risk modeling [J]. Safety Science，2020.

[69] 汪建华. 高速公路交通安全现状分析及管理对策 [J]. 人民交通，2018，（10）：50-51.

[70] 李剑. 高速公路安全管理中的智能交通技术 [J]. 电子技术与软件工程，2018，（24）：252.

[71] 王会. 探析高速公路日常养护中的安全管理途径 [J]. 黑龙江交通科技，2020，43（05）：252-253.

[72] 邢群鹏. 高速公路路面施工安全及管理策略探讨 [J]. 建筑技术开发，2019，46（24）：42-44.

[73] 陈箫剑. 高速公路工程质量管理体系研究 [J]. 中国标准化，2017，（18）：80-81.

[74] 马永胜. 公路工程施工质量管理体系建设中的问题及解决方案 [J]. 交通世界，2018，（21）：150-151.

[75] 武浩杰.高速公路路基施工质量控制与管理 [J].交通世界，2020，（14）：96–97.

[76] 吴学峰.公路工程施工质量管理问题及措施分析 [J].交通世界，2018，（35）：144–145.

[77] 谢辉.高速公路营运安全管理体系建设浅谈 [J].四川水泥，2017，（10）：320.

[78] 宋亚伟，卢建庆.高速公路安全生产管理及其标准创建的思考与研究 [J].中国标准化，2017，（24）：103–104.

[79] 孙国正.浅谈高速公路安全生产工作 [J].智能城市，2020，6（01）：101–102.

[80] 姚帅鹏，时伟锋，董贺辉.黄土隧道施工安全风险管控体系研究 [J].居业，2019，（10）：160–163.

[81] 成红艳.加强信息化建设 提升风险管控能力 [J].交通企业管理，2020，35（03）：96–97.

[82] 张欣.论某高速公路监理项目安全生产隐患排查治理体系建设 [J].中华建设，2020，（01）：150–151.

[83] 皇甫菲菲.公路施工危险源安全评价及管理的方法研究 [J].江西建材，2015，（17）：199.

[84] 吴勇木，刘海彬，张文新.公路工程项目管理中的质量与安全问题浅析 [J].公路交通科技（应用技术版），2017，13（12）：7–8.

[85] 郝国途，钱立柱.浅析高速公路工程试验检测信息化管理 [J].公路，2020，（06）：189–190.

[86] 薛长龙，刘兴旺，程国柱，等.高速公路改扩建工程智能化应急预案管理系统 [J].湖南交通科技，2019，45（04）：157–163.

[87] 孟广杰.谈农民工安全培训在高速公路建设中的作用 [J].职业时空，2011，7（09）：31–32.

[88] 余斌.浅析高速公路工程项目质量管理体系的构建——以大丽高速公路为例 [J].建材发展导向，2015，13（04）：32–35.

[89] 陈临炜.高速公路施工工程管理方案的优化 [J].科技创新与应用，2015，（18）：218.

[90] 陈嘉天.施工项目的质量管理 [D].长春：吉林大学，2012.

[91] 王海英，阮祺，常肖，等．基于 PDA 的高速公路质量巡查系统设计与实现 [J]．兰州交通大学学报，2016，35（01）：48-52．

[92] 黄勇．建品质工程，保百年平安 [J]．中国公路，2019，（16）：36-40．

[93] 陈凯尔，王青明，黎淑丽．分析高速公路试验检测质量控制 [J]．交通世界，2017，（34）：54-55．

[94] 王秀丽．公路工程试验检测的质量控制探析 [J]．四川建材，2015，41（01）：95-96．

[95] 肖海健．浅谈高速公路品质工程创建工作思路 [J]．广东交通职业技术学院学报，2018，17（02）：71-74．

[96] 刘傲．高速公路品质工程建设的几点思考 [J]．公路交通科技（应用技术版），2018，14（08）：267-270．

[97] 袁哲．论企业资源、软硬实力与核心竞争力之间的关系 [J]．商业时代，2010，（30）：86-87，135．

[98] 金周英．从国家软实力到企业软实力 [J]．中国软科学，2008，（08）：19-23．

[99] 张健．增强企业"软实力"与员工思想文化水平提升 [J]．山东社会科学，2016，（S1）：188-189．

[100] 黄国群，徐金发，姜涛，等．企业软实力的内涵、形成过程及作用机理研究 [J]．软科学，2008，（02）：123-127．

[101] 袁哲．企业软实力的概念、内涵及主要特征探究 [J]．商业时代，2010，（31）：78-80．

[102] 李维超．浅谈普通公路品质工程示范创建工作 [J]．黑龙江交通科技，2019，42（12）：161-163．

[103] 陆君伟．班组如何有效开展 6S 管理 [J]．现代班组，2013，（07）：34-35．

[104] 杨长存，曹小燕．浅谈 6S 管理助推电力企业班组建设 [J]．科技创新与应用，2014，（33）：287．